即決！営業道場

1年目から結果を出す

堀口龍介

はじめに

SOKKETSU! EIGYO DOJO

ようこそ、セールス堀口の「即決営業道場」へ

「セールスのことは俺に聞け」

こんにちは。株式会社即決営業の代表取締役、堀口龍介です。

本書を手に取っていただき、ありがとうございます。はじめて「即決営業」と聞く方は、あまりにもストレートな社名に、少し驚かれたのではないでしょうか？

即決営業とは、営業マンに営業術を教えるプロの会社です。

これまで、延べ５万人の営業マンと２００社以上の企業に、脳科学と心理学にもとづく「即決営業メソッド」をお伝えしてきました。

じつは、この強力なメソッドは８年前まで社外秘で、私が２００５年から経営している訪問販売会社だけで使っていました。

それを２０１５年に公開に踏み切ったのは、多くの経営者や個人事業主のお悩みを聞くうちに、「日本には体系的に営業を学べる場がなさすぎる」と痛感したからです。営業部の弱さは、企業にとって死活問題。日本経済にも打撃を与えます。営業マンはそれほど重要な存在です。

だからこそ、私が編み出した即決営業メソッドで営業マンをもっと元気にしたいと思いました。即決営業はそのための会社で、この『即決！営業道場』もそのための本です。

本書は初心者でも、営業の原理原則を学び、マインドを鍛え、即戦力になっていただけるように執筆しています。

まるで、実際の「道場」に入門したかのように。

動画で簡単に「即決営業マン」になれる！

新人営業マンに必要なのは、即決営業マインドです。マインドの土台がなければどんなテクニックも使いこなせず、逆に土台があればみるみる実力がついていきます。

そこで本書の特典として、即決営業の社内教育風景をYouTube限定公開でご覧いただけるようにしました。外部向けではなく、私がマネージャー層を指導したリアルな内容のため、「忖度《そんたく》ゼロ」で新人営業マンのマインドの鍛え方をお伝えしています。

10本の動画を巻末の二次元コードから繰り返し視聴すれば、トップ営業に必要なマインドが最速で身につくはずです。セルフ育成に部下育成に、どんどんご活用ください！

残念ながら多くの会社では、営業を教えるべき上司さえ、理論的に営業を教わったことがありません。すると、本人にセンスや実力があっても、部下育成は散々な結果になります。なぜなら、経験則や感覚で得たものは、ほかの人には当てはまらないからです。

結果、ほとんどの新人営業マンは「売れるトーク」という有効な武器も与えられずに、商談という戦場に容赦《ようしゃ》なく送りこまれます。だから売上はいつまでも安定せず、そのうちボロボロになって辞めてしまうのです。

私はよく「営業は格闘技だ」と言います。

営業で勝ち残るには、行き当たりばったりではなく、基本に忠実に「心・技・体」を磨かなければならないからです。

『営業道場』のトリセツと活用法

本書は、新人営業マンはもちろん、こんな方々にも最適です！

□半年以内に結果を出したい営業マン
□売上が上がらない個人事業主
□独立・起業して成功したい方
□新人を即戦力にしたいマネージャー
□営業部が弱体化している企業経営者

具体的には初段から五段までの章があり、初段で営業の原理原則、二段で厳選テクニックをお伝えしています。

三〜五段は、マインドを鍛え、売れる営業マンに生まれ変わるための章です。三段で戦いのリングに上がる準備、四段は勝ち続ける準備、五段は独立・起業力をつけて、将来的に羽ばたく準備をしていただきます。YouTube動画ともリンクしているので、しっかり活用して昇段していってくださいね。

プロの営業マインドを身につけて、最大の結果を出していきましょう。

で、そもそも堀口って何者？

ここで「はじめまして」の方々に向けて、簡単に自己紹介をさせていただきます。

私は22歳で営業の世界に飛び込みました。当時、業界最大手の教材訪問販売会社に「学習カウンセラー」のバイトで入ったのですが、入社初日に、実務はまさかの「テレアポ・営業」だったと判明しました……。これが営業との運命の出会いです。

まったくの未経験からさまざまな気づきを経て、翌年には1000人以上の営業マンの中で「年間個人売上1位」を獲得しました。この「気づき」については、三段で詳しくお伝えしますね。

その後、全国の訪問販売会社を渡り歩いて独自のノウハウを試し、1年以上在籍したすべての会社で、年間個人売上1位を達成。29歳まで経験を積み、優秀な営業マンを引き抜いて独立。今年19年目となる学習教材の訪問販売会社を立ち上げました。

起業後の5年間は、毎朝5時まで全社員の全商談とテレアポの録音を聞いてデータ化し、成功パターンと失敗パターンを徹底分析。それをもとに独自のノウハウの再現性を高め、本書でご紹介する「即決営業メソッド」として体系化しました。

2015年には新たに「即決営業」を設立し、オーナー社長かつ現役営業マンとして、現在に至ります。

即決営業は、お客様に即決させる強引な集団ではなく、営業の原理原則を惜しみなくお伝えする会社です。これからも悩める営業マンの笑顔のために、「考えます」「検討します」の攻略法を全力でお伝えしていきます。

「営業配属で落ち込むことはない」と断言しよう!

読者の中には、「営業をするつもりはなかったのに、営業部に配属されてしまった」と、残念に思っている方もいらっしゃるでしょう。

ただ、営業ほど飛躍的に成長できて、人の役に立てる仕事はなかなかありません。**営業マンは商品を通して、お客様の未来の役に立つだけではなく、売ることで会社や社会を支えている**からです。上層部はそれをよくわかっています。

ですから私の会社では、営業マンを最も大切にします。営業マンが毎月の売上をつくってくれないと、事務員も雇えず、お客様に満足なサービスも提供できず、新商品の開発もできないからです。私ひとりが売っても、会社は成り立ちません。

つまり、**営業マンは会社の大黒柱**。あなたも、せっかく縁があった営業の仕事ですから、売る力をつけて、「経営者よし」「サービススタッフよし」「開発スタッフよし」の三方よしを実現してあげてください。

と言う私も、営業マンになったのはたまたまです。21歳まで、お金にならないモデル活動や、単純作業のバイトをしながら俳優を目指していたので……。でも今は、営業がライフワークになって本当によかったと思っています。営業マインドと交渉力のおかげで、ビジネスもプライベートもどんどん夢が叶っていくからです。

思わぬ営業配属で、落ち込む必要はありません。振り返れば「**あのとき営業に打ちこんだのは、人生を豊かにする最高の経験だった**」と気づくでしょう。あなたが本書に引かれたのも、きっとそれを予感しているからです。

では、いよいよ「売れる秘密」をひとつずつ紐解《ひもと》いていきますね。

あなたの入門を心から歓迎します。ようこそ営業道場へ！

本書をご購入いただいた「あなた」に限定プレゼントです

たったの10秒で完了！

10 sec

営業力を「劇的」にUPする 3つの特典がLINEから手に入ります！

書籍購入者限定の3大無料特典の内容とは？

即決営業
テンプレート7種類

セールス堀口の
企業研修音声データ
（48分）

営業お悩み相談
スペシャルチケット
（30分〜）

QRから即決営業公式LINEに登録し、

“道場”

とメッセージを今すぐ送ってください！

LINE検索で、「即決営業」と検索しても無料登録が可能です

お客様の声

各業界の企業さまが、即決営業研修を導入し即決営業メソッド®とテンプレートを用い、営業成績を大幅にアップさせています！

結論から言うと契約率が一気に上がりました

私は新卒2年目でちょうど同行から単独で営業に出るタイミングでしたが、テンプレートを使い、教わったことをそのままやって、すぱすぱ契約が決まるようになり、本当にありがたいです。

20代女性・会社員

1億円以上の価値がある内容だと思っております

成約率が低かった社員が即決営業のテンプレートを使った結果、5件を受注100%で決めてきました。売上も1千万以上は上がったので1億円以上の価値がある内容だと思っております！

30代男性・会社員

別支店のトップセールスに追いつくほどの成果

まったく契約を取れていなかった社員が、今は平均1日1件以上の契約をあげています。別支店のトップセールスに追いつくほどの成果を出しているので、非常にありがたいです。

40代男性・会社員

行動を起こしたあなたに、私と即決営業スタッフが責任をもって営業力をアップさせていただきます！
あなたと公式LINEでお話しできることを、楽しみにしていますので、ぜひこの機会に無料登録してください！

株式会社即決営業 代表取締役 ｜ 堀口 龍介

この特典は、即決営業年間企業研修で実際に使用しているテンプレートや動画などの一部を、サンプル化したものです。特典の提供・運営は株式会社即決営業が行っております。出版社・書店・図書館とは一切関係がありません。また、特典の提供は、事前の告知なく終了することがございます。あらかじめ、ご了承ください。
お問合せ先：06-6630-8630 公式HP：sokketsueigyo.com

■装丁　西垂水 敦(krran)
■DTP　片倉 紗千恵
■執筆協力　芝原 未来
■デザイン協力　中洲 公志

●注意

(1) 本書は著者が独自に調査した結果を出版したものです。
(2) 本書は内容について万全を期して作成いたしましたが、万一、ご不審な点や誤り、記載漏れなどお気付きの点がありましたら、出版元まで書面にてご連絡ください。
(3) 本書の内容に関して運用した結果の影響については、上記(2)項にかかわらず責任を負いかねます。あらかじめご了承ください。
(4) 本書の全部または一部について、出版元から文書による承諾を得ずに複製することは禁じられています。
(5) 商標
本書に記載されている会社名、商品名などは一般に各社の商標または登録商標です。

「即決！営業道場」目次

三段　即決力の極意は「引いてから足せ」

四段　デキる新人こそ競争大好きになる

五段「新人の十年後」も成功を続けられる絶対法則

新人営業マンこそ即戦力になる

初段

Chapter01:
SOKKETSU! EIGYO DOJO

心得 其の一

SOKKETSU! EIGYO DOJO

なぜ「半年以内に結果を出せる」のか？

今のあなたは、まだ「期待の新人」かもしれません。でも幸運にも、営業マンは、3か月～半年以内に結果を出せるようになります。**営業は技術の集合体**だからです。もし半年経っても結果が出ないなら、学んだ技術が間違っているか、「心・技・体」の鍛え方のバランスが悪いかのどちらかです。営業の原理原則に沿って、商品に当てはめたトークをつくり、正しい順序で堂々と伝えれば、成果は上がります。

じつは、自己流でやってきたベテラン営業よりも、ゼロから営業を学ぶ新人のほうが、変なこだわりがなく早く成長します。だから私は「新人営業マンこそ即戦力になる」と言い切れるのです。

たとえば当社では、入社1～3か月はテレアポやロープレ（体）の研修期間があり、その間に営業マインド（心）と売れるトーク（技）をしっかり教えこみます。

1年間の実績推移（個人粗利）

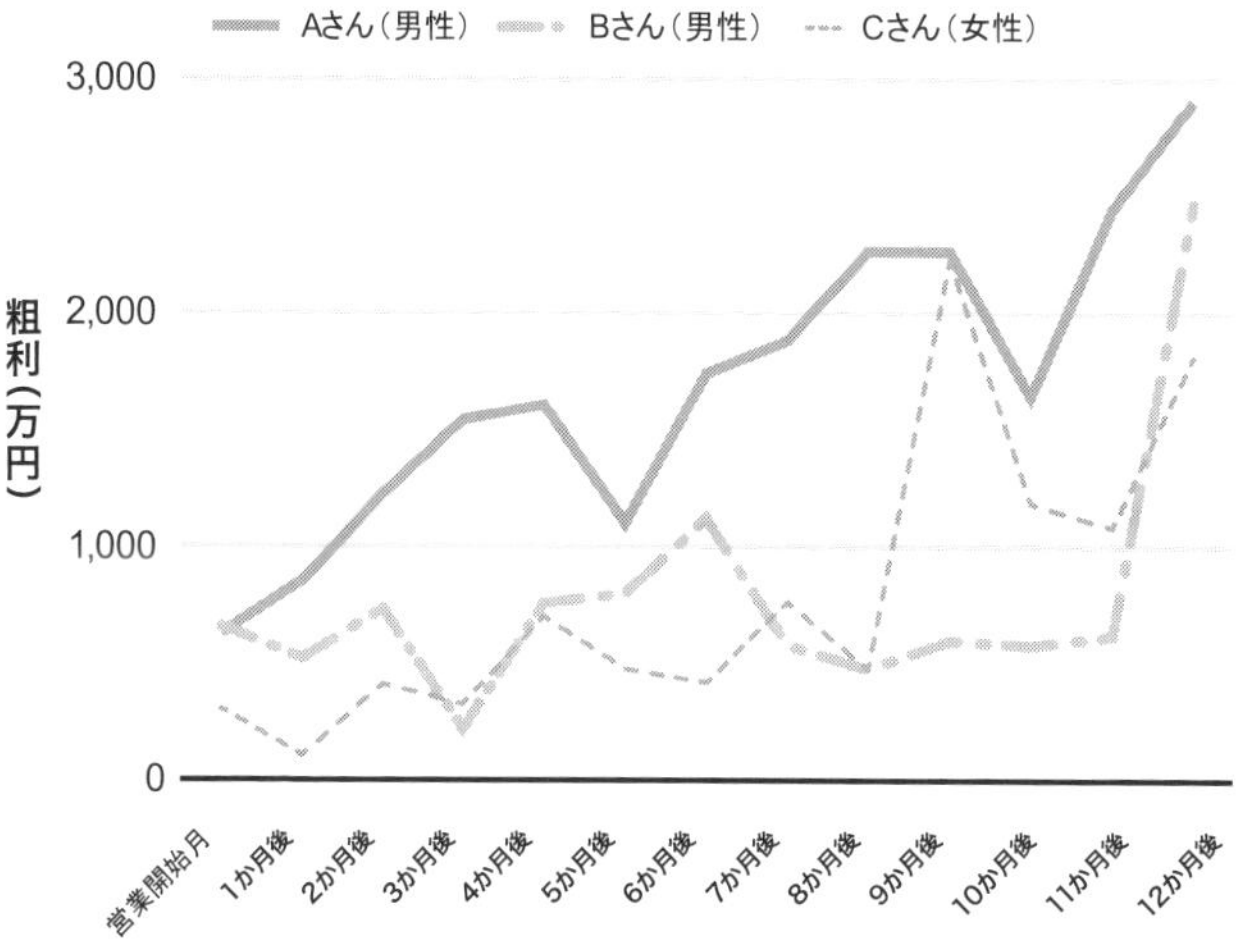

1年間の成約率推移（個人）

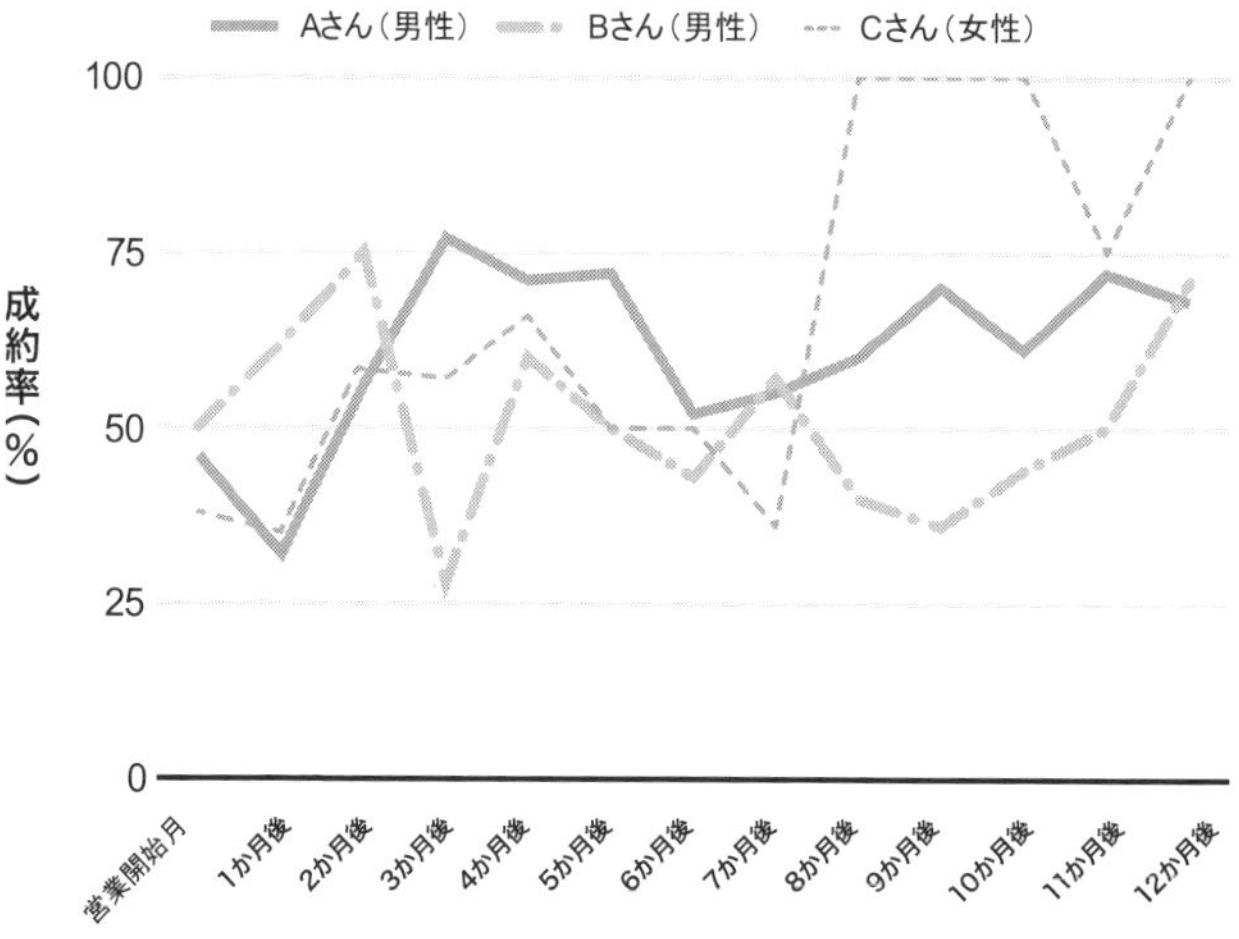

すると、前年度入社の3名は、グラフのような利益を上げてくれました。好調なスタートから即戦力となり、1年後にはトップセールスの射程圏内に入っています。

【営業開始月含む13か月間の月平均値：法人営業除く】

【月平均】	【Aさん】	【Bさん】	【Cさん】	【3人平均】
【売上（粗利）】	1698万円	780万円	792万円	1090万円
【成約率】	60.9%	51.2%	66.3%	59.5%
【契約件数】	12.4件	5.9件	4.8件	7.7件
【契約単価】	136.9万円	132.2万円	165.0万円	141.6万円
【商談数】	20.5件	11.2件	8.0件	13.2件

※商材は営業研修とメソッド動画

つまり「売れるトーク」を覚えてひるまず実践すれば、心・技・体の力で、翌月からしっかり結果を出せるということです。

この後、20代のAさんとBさんはそれぞれ、社内の営業コンテストで1位を獲得しています。40代のCさんは法人営業がメインで、個人相手の商談数は少ないものの、成約率は抜群で3位入賞を果たしました。

営業を正しく学べば、あなたもこのようにグングン成長し、安定した結果を出せるので安心してください。年齢や経験値は関係ありません。

「期待の新人」のまま終わらないよう、今日から即戦力を目指してがんばっていきましょう！

心得 其の二

SOKKETSU! EIGYO DOJO

最速で売れる営業マンになる方法

最速で売れる営業マンになる方法1つめは、自社の「営業の特徴」を知ることです。すると、トークづくりの方向性が見えてきます。次の表をご覧ください。

	【株式会社即決営業】	【教材の訪問販売会社】
主な商材	研修・コンサル・動画	学習教材・家庭教師派遣
①商材の種類	無形商材（サービス・情報）	有形商材（教材）
②営業形態	インバウンド（反響営業）	アウトバウンド（訪問販売）
③ターゲット	法人・個人	個人
④粗利	大	中

これはサンプルとして、私が経営している即決営業と、学習教材の訪問販売会社を比較したものです。以下、表を解説していきます。

①商材には「無形・有形」の区分があり、研修やコンサルは「無形商材」、つまり、目に見えない・触れられない商品です。その分、トークの力で、お客様に効果をイメージさせなければ売れません。一方、車や家や学習教材は「有形商材」なので、お客様に商品のよさを実際に見せられるのが強みです。

②営業形態には「インバウンド」と「アウトバウンド」があり、インバウンド営業はHPやSNSなどで自ら接触してきたお客様を対象にします。会社や商品に関心があるお客様なので、アポ取得やヒアリングが比較的スムーズで、契約率も高くなります。

一方、アウトバウンド営業は、テレアポや飛び込み営業などで、商品に関心がないお客様にも、営業マンから積極的にアプローチをおこないます。「はじめまして」の状態から、信頼関係の構築と、商品への興味づけをしなければなりません。

③ターゲットには「法人」と「個人」があります。法人の場合は、「担当者→決裁者」の階段営業になる場合が多いので、個々のターゲットに合わせたトークが必要です。まず担当者を味方につけて「決裁者アポ」を迫り、決裁者が登場したら即決契約を迫ります。個人の場合は、即決契約を狙うトーク一択です。

④売上高から原価を引いた利益を「粗利」と言います。要は、おおまかな儲けのことです。一般的に、原価の大きい有形商材は粗利が小さく、サービスなどの無形商材は粗利が大きくなります。

たとえば、100万円で仕入れた家具を200万円で売ったら、粗利率50％の100万円です。また、研修やコンサル業で、自ら講師を務めれば粗利率100％も可能です。広告費や会場費など、間接的な費用は別途かかります。

「俺が会社を儲けさせてやる」が正解

では、自社商品の粗利率はどれくらいなのか、インターネットに業種を入れて検索してみてください。ビジネスには、この「粗利感覚」が大切です。

粗利20％の商品を100万円で売るのと、粗利80％の商品を100万円で売るのでは「高い」というお客様へのトークも変わってくるでしょう。儲けが全然違いますから。

会社としても、粗利が大きいほど営業マンの報酬に還元できます。

つまり、**評価は売上ベースでも、報酬は儲けベース**です。

ここを分けて考えないと「こんなに売ったのに報酬が少ない」と思いこみ、会社に不満を持ち続けることになります。逆に、粗利を踏まえて「俺が会社を儲けさせてやる」くらいの気持ちで営業活動をおこなえば、一目置かれて大切にされるでしょう。

このように、自社の営業の特徴をあらかじめ分析しておけば、どのトークに力を入れればいいのか、最適な戦略が見えてきます。あなたも簡単な一覧表をつくって、情報を整理しておきましょう。

「即決営業マインド」と「売れる型」を習得せよ

最速で売れる営業マンになる方法2つめは、「マインドの書き換え」です。

ほとんどの人は、場数を踏めばマインドは自然に鍛えられると思っています。

ここが盲点で、売れないマインドを現場で強化しても、売れるマインドにはなれません。ただ打たれ強くなるだけです。

そこで必要なのが、学んだ技術を使いこなす「即決営業マインド」です。この土台がなければ、どんなテクニックも猫に小判。飛び抜けた結果は出せません。

では、マインドをどう書き換えればいいのか、詳細は本書の三段でお伝えするので、結論だけ言いますね。

それは、**買い手マインドを捨てて、売り手マインドを仕込む**こと。なぜなら、新人営業マンはすでに買い手マインドに染まり切っているからです。

最初にマインドを変えておかないと、そのまま「売れないベテラン営業マン」になってしまいます。つまり、売り手マインドに変えた上で、実戦で鍛える。これが大切です。

最速で売れる営業マンになる方法3つめは、本書で紹介する「売れる型」を活用すること。これが究極です。

営業形態や商品によって細かいトークは変わりますが、売れる型は変わりません。

ネガティブトリプルシート

即決営業®

ゆさぶり1	筋破壊トレーニングじゃないと、筋破壊が起こらないので足は細くなりません。
ゆさぶり2	プール併設のジムじゃないと、効率の良い有酸素運動ができないので、内臓脂肪も減りません。
ゆさぶり3	管理栄養士がいないと、減量計画が作れないので、結局最後にリバウンドが来ます。
カギカッコ	入会した会員様は「本当にこのジムに決めて良かった」っておっしゃっています。
一貫性通し or 過半数	みなさん入会されている人気のコースですので、
訴求	どうかこの機会にご決断ください。

たとえば、これはお客様に「否定的なゆさぶり」を3連続でかけて、「みなさん」で背中を押し、即決契約を迫る型です。実際に「これが契約の決め手になった」という営業マンは後をたちません。

営業は技術の集合体ですから、あなたの商品をこういった型に当てはめれば、確実に売れるトークが完成します。それを即決営業マインドで実践すれば、必ず半年以内に結果を出せるはずです。

そのためにも、この営業道場で「心・技・体」をバランスよく鍛えていきましょう。

心得 其の三

SOKKETSU! EIGYO DOJO

タイパ・コスパ重視でちょうどいい

この営業道場では、何度も何度も足を運んで「断られてナンボ」の根性営業は、一切おススメしません。ただの営業道場ではなく『即決!営業道場』だからです。

私は何事もスピード重視の人間ですので、営業もタイパ重視・コスパ重視でちょうどいいと思っています。

即決営業の手法は、高額商品でも法人のお客様でも、基本的に1~2度の商談でケリをつけるので、タイパもコスパも抜群です。でも、契約率が低いわけではありません。

じつは、お客様の意思を尊重するつもりで「考えます」「検討します」という保留を認めるほうが、契約率はガクンと下がります。ココ大切です!

そもそも、保留後に取れる契約なら、当日押せば取れます。逆に、当日なら取れたはずの契約を保留にすると、契約率はだいたい10％前後まで落ち込みます。後日返事の90％が「否決」か「音信不通」になるということです。

なぜなら、お客様の購買意欲は1日でほぼ冷めるからです。最も意欲が高まっているのは、もちろんプレゼンを聞いた直後ですよね。そこでバシッとクロージングをして「買うか・買わないか」を決めていただくからこそ、契約率が上がるのです。

ここで「でも、いつ買うかはお客様の自由だし」「焦って即決より、納得して決めてもらいたいし」と思ったあなた、それが買い手マインドです！

買い手マインドは、営業マンの仕事をことごとく妨害するので、現場に出る前に、本書の三段できっちり売り手マインドに書き換えておいてください。

結論、決裁者に会って**本気で即決契約を狙えば、ムダな追いかけは不要、契約率も最大になるので、タイパ・コスパ抜群**になります。

ただし「当たって砕けろ」精神の丸腰で、お客様に決断を急《せ》かすわけではありません。巧みに即決に導くテクニックも、しっかりお伝えするのでご安心ください。そのために心理学・脳科学にもとづく「売れる型」があるのです。

訴求パターンシート

即決営業®

カギカッコ
「この商品すごくイイ」ってみなさんおっしゃるんです
「入会して、本当に良かった」ってみなさんおっしゃるんです

一貫性通し	過半数
スタートしないと何も始まりません	みなさん入会されている人気のコースですので
どこで入会しても、結局お金はかかります	みなさん本当に喜んでいらっしゃいますので

訴求	どうかこの機会に		
	ご決断ください	スタートしてください	ご契約ください

スイッチングシート

即決営業®

お客様の主張	1日考えたい

奪う	YES・SO	復唱	1日考えたいんですね		
		承諾	お気持ちよく分かります		
		転換	ただですね	その上で	だからこそ
シャワー	AREA話法	主張	「1日考えたい」という人は、実は「迷ってるだけ」なんです		
		理由	1日、2日経ったところで今と状況が変わるはずなどありません		
		主張	なので「1日考えたい」という人は結局「迷ってるだけ」なんです		
渡す	訴求	カギカッコ	「入会して良かった」ってみなさんおっしゃってます		
		一貫性通し or 過半数	物事を始める時に必要なのは「考えること」ではなく「決断」です		
		訴求	どうかこの機会にご決断ください		

即決営業には、前ページのように商談シーンごとの万能テンプレートがあり、研修でひとりひとりの受講生に合わせたトークを完成させていきます。

商品やターゲットが変わっても、テンプレートの構成を変える必要はありません。なぜなら、「人の脳と心理」に合わせてつくられているからです。トークの相手は、ものではなく、つねに人ですよね。時代が変わっても、人の悩と心は変わりません。

心理学や脳科学は、すべてではなくても、約8割の人に当てはまります。

ですから、テンプレートの「型」を守れば、最高契約率8割を狙えるのです。トークを組み立てるときは、それを最終目標にしましょう。

まず基本を守る「守破離《しゅはり》」の精神が、あなたをみるみる成長させてくれます。

心得 其の四

SOKKETSU! EIGYO DOJO

心理学と脳科学が「即決トーク」をつくる

医師になるには医学を、弁護士になるには法学を学びますよね。プロの営業マンになるには、心理学と脳科学を学ばなければなりません。**特定の会社で、特定の商品を売るためだけの営業術を学んでも、応用が利かない**からです。

会社、部署、商品、ターゲット、何かが変わるたびに一から学び直しなんて、タイパもコスパも悪すぎます。でも、上司や先輩から営業を学ぶと、たいていそうなるのです。

何でも売れる営業マンは、心理学と脳科学をしっかり学んで営業に当てはめます。人がどんなときにどう動くか、何がイヤで何が嬉しいのか、何を警戒するのか、それがわかればおのずとトークが定まるからです。

たとえば、お客様に「検討して明日お返事くださいね」などと保留を許すのは、人の

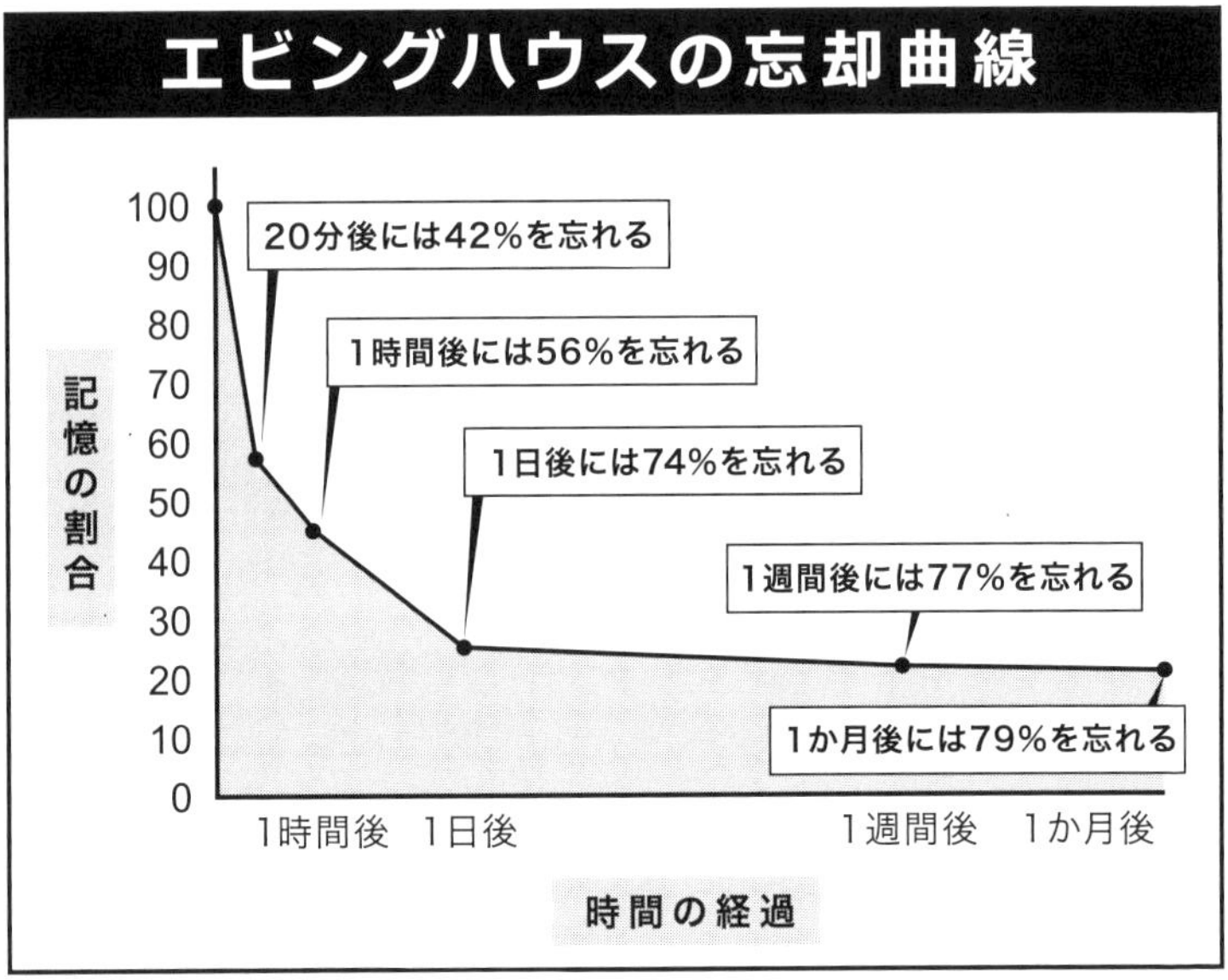

心理を学んでいないか、売る気がない証拠。エビングハウスの忘却曲線を知っているだけでも、人の記憶は1日で74%が失われるとわかります。

あなたも、映画を見てどんなに感動しても、数時間後にはケロッと日常に戻っているでしょう。人は何時間も、涙を流し続けてなどいられません。それなのに、商談の返事を翌日や1週間後にもらおうとするのはなぜでしょうか?

どんなにすばらしいプレゼンをして、いい未来をイメージさせても、きれいに忘れられてしまうのに……。

お客様は営業マンの都合では動かず、ただ人の心理通りに動きます。

営業マンの仕事は、お客様の答えを聞くことではなく、契約に導くことです。そのためには、プレゼンの直後に契約を迫る。この一択しかありません。「ご検討ください」などと保留営業を仕掛けたら、お客様は「欲しい気持ち」を忘れて、契約率は10％前後になるからです。10件中9件を自ら ムダにしたら、何のための商談かわかりませんよね。

このように理論的に考えると、クロージングの正解は「**ご契約ください**」「**ご決断ください**」「**当社にお任せください**」「**ぜひスタートしてみてください**」しかありません。

8割のお客様に売れるトークをどうつくるか

ただし、このセリフが通用するのは、契約を決める権限のあるお客様だけ。つまり財布の紐を握る「決裁者」です。ですから、アポの時点で「（決裁者の）○○様とお話しさせてください」「必ず○○様の同席をお願いします」と伝えておかなければなりません。

決裁者と決裁者以外で、するべき要求も、刺さるプレゼンも異なるので、トークの使い分けを意識しましょう。

決裁者にハッキリ契約を迫るのは、営業マンの仕事のうちです。ただ、ゴリ押しして「NOの量産」になっては意味がありません。そこで、トークに伏線を張りめぐらせて、

脱毛サロン用マニュアル	即決営業®
ゆさぶり	①色の白い方はちょっとした黒い毛が目立ちやすいんですよね。
ゆさぶり	②男の人ってそういうのを気にする方もいらっしゃるので……
ゆさぶり	③男の人ってちょっとしたことで幻滅するんですよね。
一貫性通し	④全身脱毛コースで処理しておくと、彼氏と急なお泊まりになったり、デートで帰りたくなくなったとき、毛のことを気にしなくてすみます。
仮定法	⑤これから何十年も脱毛のことを考えなくていいんです。
ゆさぶり	⑥これってすごくないですか？
過半数	⑦みなさん結局は全身コースに変更なさいますので、
訴求	⑧**どうかこの機会にスタートしてみてください！**

即決を迫っても断りにくい流れをあらかじめつくっておきます。

たとえば、上のマニュアルには、お客様を「ＹＥＳ」に導く仕組みが詰まっています。ここで駆使されている心理学と脳科学を、いくつか次ページに挙げてみますね。

心理学・脳科学をトークに取り入れると、「人を動かす力」は何十倍にもなります。つまり、多数派である８割のお客様に売れるトークができあがるのです。

並行して必要なのが、契約というゴールからの逆算思考です。

心理学や脳科学を、コミュニケーションではなく、「契約を取るため」という

	【心理現象】	【トークへの当てはめ】
心理的ホメオスタシス	人は安定のために、現状(コンフォートゾーン)を維持しようとする	平常心では契約を決意しないので、訴求の直前に心をゆさぶっておく
快楽と痛みの法則	人は快楽を得るよりも、苦痛を避けたい気持ちが2倍強い	喜ばせるより嫌がらせたほうが心をゆさぶれるので、あえて悪い未来も伝える
一貫性の法則	人は一貫性を通したがり、一貫性の通った話を評価し信頼する	話の筋道を簡潔に通して、商品の必要性・有効性に説得力を持たせる
社会的証明	迷っている人は、周りの判断が正しいと信じて行動を選択する	多数派の動向を利用して、売りたい商品に導く 例:「みなさん○○されます」
ピグマリオン効果	人は明確に期待されると、自発的に応えたいと思う	してほしい行動を訴える 例:「この機会にスタートしてみてください」

一点に向けて使えば、どういう順序でどんなことを言えば、契約にたどり着けるかを導き出せます。

あとは、それを「型」やテンプレートにしてから、あなたの商品に合わせた具体的なトークに落とし込み、台本を書いて徹底的に覚えましょう。最初の挨拶から、帰りの挨拶まですべてです。**プロにアドリブはありません。**

これが、新人営業マンが最速で即戦力になる確実な方法です。型や台本づくりは即決営業のコンサルや研修でもお手伝いできますので、安心してくださいね!

心得 其の五
SOKKETSU! EIGYO DOJO

気遣いが苦手？お客様に忖度なんてしなくていい

即決営業のスタイルは、友好的な営業ではなく、敵対的な営業です。

と言ったら、新人営業マンのあなたは驚くでしょうか。

商品の売買に関して、お客様は味方ではありません。本書が『即決！営業道場』というタイトルなのも、営業が「格闘技」だからです。営業マンは戦いを覚悟してください。忖度よりも、いかにお客様を攻略するかが大切です。

人は命の次にお金に執着します。ですから、営業マンが扱うような高額商品は「友好営業」では売れません。お金を失いたくないお客様に、何が何でもお金を払わせなければならないからです。

そこで、売れる営業マンは「敵対営業」を選択し、商談という戦いのリングでお客様を説得します。

説得とは、相手がもともと持っている意見を変えさせること。その瞬間、どんなに和気あいあいとした現場でも、お客様は豹変し抵抗します。だから、商品を売るには敵対するしかないのです。簡単にまとめてみましょう。

①敵対営業

「高いお金を払いたくない」→**説得**→「高いお金を払ってでも買おう」→**即決**

②友好営業

「高いお金を払いたくない」→**忖度**→「とりあえずゆっくり考えよう」→**否決**

このように、お客様の意見を180度ひっくり返して即決契約を取るわけですから、戦いが必要なのもわかりますよね。

とは言え、お客様本人をボコボコにするわけではないので安心してください。営業マンの最大の敵を、ピンポイントで狙い打ちます。

それは、お客様の曖昧《あいまい》さ。つまり「考えます」や「検討します」です。

お客様は曖昧が大好きです。

ですから商談でも、約6割のお客様がさまざまな理由をつけて「考えます」「検討します」と言います。決断を先延ばしにして、あわよくば避けるためです。

現場に出るとすぐにわかりますが、本当に真剣に考えて、いい返事をしてくれる誠実なお客様はごくわずか。多くの場合、再訪もさせてもらえず、メールやLINE1本で「やっぱりやめておきます」と告げられるか、そのまま音信不通になります。

なぜなら、人は考えれば考えるほどリスク回避脳になり、契約のマイナス面が目につくからです。その場では「欲しい。やってみるか」と思ったお客様も、1日も経たずにその気持ちを忘れて、「現状維持が安全だ。やめておけ」という脳の指令に従います。

営業マンが本当の意味で役に立つために！

でも、お客様は本当にそれでいいのでしょうか？

このタイプの人たちは、ずっと同じ行動を繰り返すものです。時間を取って営業マンの話を聞いたからには、興味かやる気はあったはずですよね。ここで最後の一歩を踏み出さないと、永遠に変われません。

ですから営業マンは、そんな**現状維持に寄り添うのではなく、売ってお客様のためになりましょう。**

もちろん、商品を買った100人中100人が、思い通りに変われるわけではありません。でも、話を聞くだけで買わない「その他大勢」に比べたら、はるかに成長が加速し、理想の自分に近づけるはずです。真の営業マンは、全力でその後押しをします。

即決営業のお客様も、よく講師にビフォーアフター報告をしてくれるのですが、その変化は劇的です。一部ご紹介しますね。

- 売上が大きく伸びてきて「**社長賞**」を受賞しました。
- 上級編の「他社比較」と「今はイイかな」、威力抜群で感動でした！　3件ご成約いただきました。ご報告までですが、本当に驚きました！
- この1年で一番大きい売上になりました。
- 受講スタートから、18商談16成約。成約率88・8％に。

・初級①を受けてから1週間で4商談4成約。**契約率100%**です！
・プレゼン動画を実践したところ、即決で500万円弱のコンサル案件が決まりました！
・月収30万円→先月100万円突破。平均月収3倍になりました。
・生保と損保のお申し込みをいただきました。毎朝、即決営業のCDを聞いてマインドが変化して、お客様へ**ひるむことなくクロージング**できました。
・初級の内容を試したところ、成約がめっちゃ伸びました。今まで250万ぐらいしか売れなかったのに、今月12件契約が取れて、売上1123万円も立てられました。**月収も130万円**になりました。本当にありがとうございます！

正直、即決営業のすべてをお伝えするので、決して安価な商材ではありません。

それを「考えます」のまま購入していなかったら、自力でこれだけ早く劇的な変化を起こせたでしょうか？

私はそうは思いません。だから自信を持って即決営業の研修や動画商材（32の極意）を売っています。これが「売ってお客様の役に立つ」ということです。

買う前から効果が保証される商品などありません。

いくらグダグダ考えても、やってみなければわからないもの。効果を信じて自己投資できるお客様から、結局は成功していきます。

ちなみに営業マンの自己投資費用は、成果が上がればすぐに収入として取り戻せるので、ピンと来たらバンバンやってください。早ければ早いほどペイも早く、昇進も早く、プラスが積み重なっていきます。迷ったらＧＯ！

あなたの商品も、お客様に与える価値が必ずあるはずです。だから難しく考えずに、売って売って、売りまくってください。一刻も早く料金以上の価値を受け取っていただくために、どんどんお客様と敵対すればいいのです。

商談で心を開いてもらうのは大切ですが、それはプレゼンまでの話。

「営業マンが本当の意味で役に立つには、クロージングで忖度なんてしなくていい」と頭に入れておきましょう。

心得 其の六

SOKKETSU!
EIGYO DOJO

「営業道」を極めれば、自然と社会人として完成する

営業は問題解決業です。医師や弁護士のように、クライアントの悩みや問題を解決して、理想の状態に近づけるのが仕事。その手段として、商品を売るのです。

ですから、プロ意識のある営業マンは、お願い営業や御用聞きなどおこないません。お客様の信頼を得て、親身にアドバイスをし、対等な関係を築こうとします。上から目線でもなく、「誠実なコンサルタント」のようなイメージを持っておくといいでしょう。

あなたが新人だろうが、お客様に対して卑屈《ひくつ》になってはいけません。

まず、飛び込み営業でもテレアポでも、突然のコンタクトに対しては「お忙しいところ申し訳ございません」と、しっかり敬意を払ってください。お客様の時間を一方的に奪うわけですから、人としての礼儀です。

でも、そこからは分けて考えましょう。急なのは申し訳なくても、あなたがお伝えする情報や商品は、お客様にとって有益なもの。売れる営業マンは、そこに確信を持っています。

突然の訪問によって卑屈になり、趣旨《しゅし》までオドオド伝えたら、取れるアポも取れなくなります。ですから**「突然の訪問は謙虚に、有益な情報提供は堂々と」**と切り離すのがポイントです。

残念ながら、ほとんどの新人営業マンは「お客様の立場に立て」「堂々と行ってこい」「もっと強く押せ」などと、曖昧なアドバイスしかもらっていません。

すると、その場では「なるほど」と思っても、いざ現場に行くと、どうすればいいのかわからなくなります。営業は精神論ではなく、理論的に教わらなければ実践できません。結局、その積み重ねで、売れないまま挫折《ざせつ》していくのです。

そこで、あなたには今から、問題解決業としての営業を、理論的にお伝えしていきます。ほかの営業マンと大きく差がつきますので、しっかりついてきてくださいね。

まず、営業活動を5つのパーツに分けてみましょう。

①アプローチ
②ヒアリング
③プレゼンテーション
④クロージング
⑤アフターフォロー（契約後）

売れる営業マンは、すべてを「契約からの逆算」で考えます。最終目標は、1件でも多く契約を得ること。そのために、①～⑤で何をするかを決めていきます。

細かく言うと、契約を逃さないために⑤、契約を取るために④、④のために③、③のために②、②のために①をおこなうわけです。まるで強豪サッカーチームのように、契約というゴールに向かってパスをつなぐ「連携プレー」のイメージです。

一方、売れない営業マンは①→⑤を、ただ順番にこなします。それでは、チームが一致団結できず、お客様からゴールを奪えません。

では、各パーツでやるべきことを、具体的に整理してみましょう。

【目的】	【やるべきこと／NGなこと】
①アプローチ ↓ ②のヒアリングを成功させるためにお客様の心の扉を開く	・挨拶や雑談で、お客様の心の扉を開かせる ・褒めたり共感したり、質問を投げかける ・お客様を気持ちよく喋らせて、興味津々で聞く NG：雑談でただ盛り上がる、自分の話ばかりする
②ヒアリング ↓ ③のプレゼンを成功させるためにお客様の問題を聞く	・問題を引き出す質問を投げかける ・商品に関連する願いや悩み、不平不満を引き出す ・「それなら当社でお力になれます」とニーズにつなげる NG：家庭環境や予算などのアンケートを取る
③プレゼンテーション ↓ ④のクロージングを成功させるために問題解決策を提示する	・お客様を問題解決にコミットさせる ・あくまでも問題解決策として商品説明をおこなう ・購入後の未来をイメージさせて購買意欲を上げる NG：下手に出て商品説明を聞いてもらう
④クロージング ↓ 契約をその場で決断させるためにハッキリ訴求する	・自社に有利な料金説明をおこない、プランを仮決定する ・「○○ですので、ご契約ください」と即決を迫る ・断り文句を切り返し、お客様の背中を押す NG：「ご検討ください」「いかがですか？」のお伺（うかが）い
ゴール＝契約	・①～④の連携プレーによる目的の達成
⑤アフターフォロー ↓ 契約後キャンセルを防ぐためにお客様を安心させておく	・契約書の控えは、その場でお客様自身に封入させる ・長居してお客様の話をとことん聞き、不安を取り除く ・ほかのお客様の成功例を伝えて、前向きにさせる NG：契約書を書かせた途端、逃げるように帰る

このように、契約からの逆算思考で、パーツごとの目的が明確になります。目的に心理学と脳科学を当てはめれば、具体的にやるべきこと＝「型」が導き出せます。さらに個々の商品に当てはめれば、売れるトークが完成するわけです。

ただ、自分で心理学や脳科学を勉強するとなると、範囲が広すぎて追いつきません。ですから即決営業では、すでにポイントを押さえたものがテンプレート化されています。営業初心者の方でも、それを使えば、6日間の研修で具体的なトークを作成できます。


トップセールスになるために、センスや才能は必要ありません。頭がよくなくても、口下手でも、コンプレックスがあっても、今あなたが持っている武器で十分戦えます。唯一**必要なのは、営業の基本を学び、基本を忠実に再現し続ける努力**です。能力ではなく努力の範疇《はんちゅう》ですから、自信を持ってください。

営業は、人の役に立ち、社会人としていち早く完成できる仕事です。ビジネス必須の問題解決脳になり、逆算思考や交渉力、度胸も礼儀正しさも身につきます。

あとは売れるトークさえあれば、お金も夢も、どんどん手に入れられるでしょう。ですから今はただワクワクしながら、営業の原理原則を学んでいってください！

まず「売り」を鍛えよ

二段

Chapter02:
SOKKETSU! EIGYO DOJO

心得 其の一

SOKKETSU!
EIGYO DOJO

抜群の第一印象を演出しろ！

武道でも、最初の挨拶が場の空気を決めます。新人営業マンのあなたは「第一印象が結果の50％を決める」と思っておいてください。

第一印象は、最初の6秒が勝負です。圧倒的な契約率につなげるには「抜群の6秒」を演出しなければなりません。ほかの人と差をつけるために、2秒ごとに3つのポイントがあります。それぞれ解説していきましょう。

①二段階笑顔

会った瞬間の2秒で、お客様は営業マンの顔を見ます。敵か味方か、本能的に判断するためです。そこで大切なのが、やっぱり「笑顔」。でも、ただ目が合ってニコッとするだけでは、ほかの人と同じですので、抜群の第一印象にはなれません。

即決営業には、18歳からフルコミで訪問販売を20年間続けている心理マスターがいるのですが、彼の秘儀が「二段階笑顔」です。お客様に対して「小さな笑顔→大きな笑顔」を順番に見せるオリジナルの技です。

一段階目は、お客様と会う直前から、目をキラキラさせて笑顔をつくっておきます。イメージは、**暗転したライブ会場で、あこがれのアーティストが登場する5秒前**です。

二段階目は、お客様の顔を見た瞬間に、笑顔をパッとはじけさせます。イメージは、**アーティストがスポットライトに照らされて出現した瞬間**です。「おーっ」と、ワクワクを爆発させてください。これが二段階笑顔です。

なぜ二段階が効果的かというと、お客様に会ってから笑顔になったのでは、わずかに笑顔ではない顔を見せてしまうからです。すると、それが0・1秒でも「敵」と認識されてしまいます。本能が光速レベルで判断を下すのです。ここで敵認識されたらマイナススタートになり、取り返しがつきません。

逆に、二段階笑顔で味方認識されたら、かなり有利なプラススタートになります。なぜなら、お客様の本能に「味方だから理解しよう」「賛同しよう」と、刷り込まれるからです。結果、営業マンの話を素直に聞くようになります。

②地味に徹する誠実さ

次の2秒でお客様の目線は、営業マンの顔からぼんやり全身へと移動します。そこで大切なのは「誠実さ」をかもし出すこと。お客様は結局、誠実な人を選ぶのです。

誠実さを伝えるポイントは、服装と髪型です。お洒落はすべて逆効果。**絶対的な正解は、ネイビーのスーツに白シャツ、ネイビーのネクタイ、すべて無地**です。心理学的に、ネイビーは誠実さを表すカラーになります。

ストライプのスーツなどは攻撃性を表すので、営業マンには論外です。また、カラーシャツも、一定数の人はよく思わないので避けましょう。白シャツなら、悪く思う人はいません。服装は、よく思われるより、悪く思われないことが大切です。

ほか、**靴やベルトや名刺入れなど、小物はすべて無地の黒が正解**です。黒には重厚感があり、冠婚葬祭でも使われるように、正式な場での品格を表します。

なお、営業マンに茶色の靴はNG。茶色はビジネスシューズではなくタウンシューズで、お客様が社長などの重鎮《じゅうちん》なら、それだけでナメられてしまうからです。

髪型は清潔感があれば自由ですが、**絶対にハズせないのが「おでこ出し」**。これが誠実さのシンボルです。政治家はみな、おでこを出していますよね。

女性については一概には言えませんが、凛《りん》とした雰囲気を大切にしてください。その上で「真面目／朗らか／冷静」など、持ち前のキャラを生かすのが正解です。

お客様が営業マンの姿をジャッジするときは、加点法ではなく減点法一択です。ですから、マイナス点をつくらないことに徹しましょう。つまり、**地味が一番**です。

③お辞儀で表す礼儀正しさ

最後の2秒でお客様は、営業マンの所作や言葉づかいを見ます。そこで力を発揮するのが、お辞儀です。なぜなら、お辞儀に敬意がこもっていると、お客様が特別感をおぼえるからです。

一流ホテルマンの丁寧な所作に、宿泊客の気分はよくなりますよね。それと同じで、お客様を「VIPになった気」にさせるのがポイントです。

ただ、マナー通りの45度のお辞儀では、効果はありません。ほかの人と同じだと「特別感」が出ないからです。営業マンの**お辞儀はビシッと90度**。ゆるやかな動きではなく、

カクッと腰から90度曲げて、1秒止まって、クイッと顔を上げる、これで完璧です。顔を上げた瞬間の笑顔も忘れずに。

なお、訪問販売でよくあるのが、「地域の安全確認で、順番に回っていまして」など、暗に公的機関を装ってお客様を呼び出すやり方です。これは強制感が出る上に、営業だとバレた瞬間、第一印象が最悪になるので注意してください。

玄関先に呼び出すだけが目的ならまだしも、営業マンの目的は契約を取ることです。礼儀に反する行動は、結局、マイナススタートをつくると肝《きも》に銘《めい》じておきましょう。

まとめると、第一印象のポイントはこの3つです。

①お客様と会うときは、はじける二段階笑顔

②ネイビーのスーツ×白シャツ厳守。小物は黒統一、髪型はおでこ出し

③ビシッと90度のお辞儀をして、笑顔で顔を上げる

どれも難しいことではありませんよね。

たった6秒間を完璧に演出すれば、お客様の潜在意識に「抜群のイメージ」が刷り込まれます。結果、あなたの平均契約率は、ほかの営業マンよりずっと上がるはずです。

心得 其の二

SOKKETSU! EIGYO DOJO

完璧な料金説明でライバルを潰せ

新人営業マンが苦手意識を持ちやすいのが料金説明です。なぜなら、お金の話になると、お客様が急によそよそしくなるからです。お客様の警戒心がぶり返し、アプローチとヒアリングで開かせた心の扉が再び閉じはじめます。いよいよここからが、「お金を失いたくない」vs「それでも買いましょう」の説得バトルのスタートです。

料金説明は必ず、商品説明でしっかり価値を伝えた後におこないます。

ただし、**商品説明はプレゼンの一部、料金説明はクロージングの一部**です。ここを混同して、気をゆるめてはいけません。料金を伝えると、お客様の心に激しい抵抗が起こるので、あらかじめ臨戦態勢を整えましょう。

料金説明がうまい営業マンは、巧みな心理術でお客様の心を操り、売りたい商品が自然に選ばれるように仕向けていきます。

結果、契約率も単価も上がって、ほかの営業マンとググン差がつきます。

その心理術を、新人営業マンでも即実践できるようにギュッとまとめたのが、「料金説明3つの鉄則」です。

①松竹梅の法則を使う
②二者択一で攻める
③第三者話法で喋る

この型を使えば、商品や料金に合わせた最強の料金説明トークができあがります。以下、ひとつずつ解説していきます。

①松竹梅の法則を使う

これは「極端性回避」の心理を突くテクニックです。人には両極端を嫌って、真ん中を選ぶ性質があります。たとえば、3種類の商品があったとしましょう。

・A＝松（高品質・高価格）
・B＝竹（中品質・中価格）
・C＝梅（低品質・低価格）

すると、お客様は極端性回避の心理で、品質も価格もほどほどのBを選びたくなります。これが「松竹梅の法則」です。お寿司や鰻のメニューでよくありますよね。

サンフランシスコ大学では、さまざまな商品を3種類ずつ用意して、それを販売した際の実験結果を出しています。価格帯は日本円にするとこんな感じです。

・A＝1500円
・B＝1000円
・C＝500円

これでBを選んだ人は、なんと86％。AやCと500円の差でもほぼ分散しません。

【順序】	【営業マンの提案】	【お客様の反応】
①松	・3件の候補があると伝える ・1件目に、一番いい部屋を見せる ・家賃15万円くらいの予算オーバー物件	「あー、やっぱり広くて高級感があってええなー」
②梅	・2件目に、一番安い物件を見せる ・家賃は予算以下の7～8万円 ・直前の松と比較させるのが目的	(直前の松と比べて) 「これはアカン…… やっぱり、安いとこうなるんや～」
③竹	・3件目に、本当に売りたい物件を見せる ・家賃は予算に沿った10万円前後 ・あえて高めの12万円くらいにするのも手	(直前の梅と比べて) 「竹めっちゃええやん！キレイで家賃も手ごろやし」

居酒屋に行く人の「生中」好きも、同じ心理です。大ジョッキや小ジョッキも選べて値段も大差ないのに、ビールと言えば「とりあえず生中」を頼みますよね。これほど、人は中くらいが大好きなのです。

売れる営業マンは、この心理を逆手に取って料金説明を組み立てます。

つまり、**自分の商品に松・竹・梅の3つのラインナップを用意して、最も売りたいプランを「竹」に位置づけておく**のです。さらに、比較を際立たせるため「松→梅→竹」の3ステップで提案していきます。

たとえば、賃貸物件の内覧に、予算が月10万円のお客様を案内するとしましょう。

右の表の流れで、ほとんどのお客様を、自ら選んだ形で竹に誘導できます。

さらに竹の部屋を、お客様の予算ぴったりの10万円ではなく、微妙に高い12万円くらいで用意しておくのが売れる営業マンの戦略です。

「松→梅→竹」の3ステップを経ておけば、お客様が「まあこの部屋なら、ちょっとムリして12万円でもいいか」という心理になるので、単価アップにつながります。

じつは、一番安い梅の部屋から見せたらこうはなりません。最初に梅を見たお客様は「まあ、家賃相応かな」という感じになるからです。でも、それで契約が決まると、単価が下がりますよね。だから、あえて直前に一番いい松の部屋を見せて、**梅を見たときにガッカリさせる仕掛け**をつくっておくのです。

つまり、梅を最初に見せるのはNG。松の直後に竹を見せるのも、本当に売りたい竹の部屋が映えなくなるのでNGです。「松→梅→竹」の流れを守りましょう。

松を選ぶお客様がいることも考える

なお、約8割のお客様が竹を選ぶとしても、一定数のお客様は松を選びます。それは、承認欲求が非常に強い「社会的証明型」のお客様です。SNSでキラキラアピールをしたがるタイプですね。

彼らはとにかく、周りの目やSNS映えを気にするので、人から「すごい」と思われたいがために、自分の懐具合を二の次にして最上のものを選びます。1〜2割の人がこれに当てはまり、営業マンにとってはありがた〜いお客様です。

そこで賢い営業マンは、「社会的証明型」のお客様の存在を踏まえて、松を思い切って高めに設定します。もちろん単価が上がるからです。

たとえば、竹として100万円の商品を売りたい場合、松は130万円や150万円の商品にしがちですが、そこを思い切って200万円くらいの商品やプランを準備してみましょう。たとえ1割のお客様でも、150万円より200万円の商品が売れるに越したことはありませんよね。**営業マンなら数字に貪欲になってください。**

これが料金説明の鉄則①です。

料金に対するお客様の印象は、相対的価値で決まります。あなたもオプションや組み合わせを工夫して、1種類の商品につき3つのラインナップをつくっておきましょう。

心得 其の三

SOKKETSU! EIGYO DOJO

お客様は自分の「買いたいもの」を知らない！

続いて、料金説明の鉄則②をお伝えしていきます。

②二者択一で攻める

松竹梅の後は、二者択一に持ち込みます。**提示する商品は3つ、ただし選ばせるときは2つ。これがポイントです。**いよいよクロージングらしくなってきましたね。

なぜなら、選択肢が3つ以上になると、お客様は途端に迷って即決できなくなるからです。結果、「ゆっくり考えます」と言われて、契約は取れません。じつはお客様は、自分が本当に買いたいものを案外わかっていないのです。

たとえば、家電量販店にパソコンを買いに行ったら、スタッフが親切に何でも教えてくれますよね。でも聞けば聞くほど、どの商品も「みんなちがって、みんないい」感じがしてきます。予算の範囲内で、5台も10台も候補の商品が出てくるわけです。

そもそも、お客様がスタッフの説明を聞きたがる理由は、商品に詳しくなく、たいしたこだわりもないから。本当は「どれを買えばいいのか」を簡潔に教えてほしいのです。

でも、迷えば迷うほど、スタッフは「こちらもいいですよ」と、新しい候補を出してきます。すると、お客様はもう考える気力が尽きて、パンフレットを抱えて「また来ます」と言って帰ってしまうのです。これが、お客様任せの販売員の売り方です。

しかし、営業マンは、こんなお客様の逃し方をしてはいけません。説明ではなく説得が仕事だからです。新人営業マンは、まず「自分は販売員ではない」と自覚してください。何が何でも、お客様を契約まで導かなければならないのです。

販売員と営業マンの違いは本書の三段で詳しくお伝えしますが、販売員がやってもよくて、営業マンがやってはいけないことがあります。それが「**お伺（うかが）い**」です。

商品を並べて「いかがでしょうか?」「どれにされますか?」は、販売員だけに許されるセリフだと思ってください。

人の脳は「省エネベース」ですから、圧をかけなければ楽なほうに流されていきます。

つまり、お伺いをすると**迷う↓疲れる↓帰って考える↓買わない**のルートに、お客様を乗せてしまうのです。これが最も省エネですから。それを**迷う↓絞る↓背中を押す↓買う**の即決ルートに変更させるのが営業マンの役割です。

お客様はそもそも買うか迷っているので、選択肢を増やすほど「迷う」に拍車がかかります。そこで有効なのが「二者択一」です。具体的なトークについては、次ページの表をご覧ください。分割回数を提示する場合の、NG例とOK例をご紹介しています。

じつは、二者択一に超便利なフレーズが2つあります。

- **「人気は、松プランと竹プランです」**
- **「ほとんどの方が、松プランか竹プランを選ばれます」**

この言い方です。

心理学的に、人は悩んだり迷ったりしたら「みんなのほう」に誘導されやすくなります。多数派と少数派なら、多数派を選びます。確信のないときほど安心・安全を求めた

【NG】「もし購入されるとしたら、分割回数は12回・24回・36回・48回・60回とありますが、どれになさいますか？」

→「ああー、帰って電卓をたたいて考えます」(省エネルート)

【NG】「分割回数は12回・24回・36回・48回・60回とありますが、人気は12回か36回か60回ですね。どれがよろしいですか」

→「うーん」(3択でも、まだ迷うので省エネルート)

【OK】「分割回数は12回・24回・36回・48回・60回とありますが、**ほとんどの方が、この36回か60回、どちらかを選ばれます**。36回ならこちらの金額、60回ならこちらです。○○様にはどちらが合いそうでしょうか？」

→「じゃあ、60回で」(即決ルート)
これが二者択一です。しっかり2つに絞って聞きましょう。

くなるからです。
なお、松竹梅から二者択一にする場合は、竹と梅ではなく、松と竹にしてくださいね。単純に、梅を選ばれると、単価が下がるからです。

ちなみに集客の段階では、選べる商品が多いのは正解です。だから、人は家電量販店やネット通販を好むのです。でも、いざ1対1の商談に持ち込んだら、迷わず「松竹梅のラインナップ→二者択一」の絞り込みタイムに突入してください。

集客と営業はポイントが異なります。**「入り口は広く、出口は狭く」**と覚えておきましょう。

心得 其の四

SOKKETSU! EIGYO DOJO

ウマいこと言うな、ウリを語れ

続いて、料金説明の鉄則③をお伝えしていきます。

③第三者話法で喋る

最後のひとつは、第三者話法で喋り続けることです。これが、二流営業マンと、一流営業マンの境目だと言ってもいいでしょう。

第三者話法とは、お客様に言いたいことを、自分の意見ではなく、第三者の意見として伝える技術です。つまり、「この商品はお得ですよ」と言うのではなく、「みなさんがお得だと言っていますよ」「有名な○○さんも、お得だとおっしゃっていましたよ」と、こんなトークです。

そもそも**料金説明のポイントは、料金の正当性を示すこと**です。「当社の商品は、価値のわりには安いですよ」と、お客様を納得させなければ、商品は売れません。

ただ、商品のお得さを、営業マンがペラペラ力説したら、お客様はどう感じるでしょうか？

残念ながら、「どうせ売りたいから言ってるんでしょ」と、不信感を抱きます。

お金に関する自画自賛を「ちょっといやらしいな」と感じるのが、日本人の特性です。

だからこそ、売り手がウマいこと言えば言うほど、買い手は騙されている気がしてくるのです。料金説明では、この「いやらしさ」をなくさなければなりません。

そこで有効なのが、第三者話法です。じつは、**お客様が最も信じるのが「口コミ」**。

なぜなら、自分と同じ立場の買い手の意見だからです。あなたもきっと、ネットで買い物をするときに、口コミやレビューをチェックすることがあるでしょう。

つまり、ほかのお客様に認められていることが、商品の最大のステータス＝「ウリ」になります。

では、料金説明で、どう第三者話法を使えばいいのでしょうか。

NG例

「この商品は、質もよくてすごく安いんですよ」

↓どれだけウマく喋っても、お客様には刺さりません。

OK例

「これ、みなさんがね、『お宅の商品は質もいいし、料金もすごく安いよね』って言ってくださってるんです」

↓この口コミ形式で、ウリを喋り続けてください。

これで自画自賛のいやらしさがなくなり、料金の正当性もしっかり伝わります。結果、契約にも誘導しやすくなるわけです。

人は「第三者の意見」に信憑性《しんぴょうせい》を感じる

さらに具体的なトークで見ていきましょう。

松プラン例

「まず、この松プランですね。これはみなさん『おーすごいね、いいプランやね』って驚いてくれるんですけど、△△サービスが無料で何度でも受けられるんです。ですから、『何回も相談できて安心やったわ』って喜んでいただけるんですね」

「さらに松プランには、こんな特典までつくんですよ。ですから、みなさん『えっ、そこまでやってくれるんや』ってすごく感動してくださいます。にもかかわらず、みなさんこうもおっしゃっていて、『こんな最高のプランやのに、他社より安いんだね』って喜んでいただいているんです」

「悪口を言いたいわけではないんですが、事実として、他社さんで松プランのようなサービスを受けられたら、300万円くらいするのが事実なんですよ。実際、お客様も『これ、他社やったら300万円はかかるね』とおっしゃる方がほとんどです。で、それに対してうちは、なんと200万円、この料金でいけるようになっているんですよ。ですから、『安いくらいやね〜』って、みなさん驚かれるんですよね」

いかがでしょうか。これが料金説明の大正解です。

褒め言葉は、すべて「私ではなく、別のお客様が言っているんですよ」という形にしてあります。その手法で「こんなに価値があるのに、他社よりずっと安いんですよ。お得でしょ」と、伝えているわけです。

なお、自社の200万円を明かす前に、それより高い他社の300万円を伝えているのもポイントです。人は「直前の情報」と比較して、高いか安いかを判断しますから。

似たような言葉の繰り返しも、すらすら話せば聞く側は気になりません。「事実として、○○が事実なんです」と、最初と最後に言うくらいでもOKです。耳からお客様の脳にインプットするために、とくに「みなさん」は繰り返しましょう。

続けて、一番安い梅プランや、本当に売りたい竹プランについても、第三者話法を活用して料金をお伝えしていきます。

梅プラン例

「これだけのシンプルなプランですが、費用としては70万円とお安くなりますので、『最初は不安やから』と、こちらを選ばれる方も若干いらっしゃいます。ただ、最終的にもの足りなくなって、アップグレードされる方がほとんどです」

「その場合、プラス50万円かかりますので『もう最初から竹プランにしておけばよかった』とおっしゃるお客様が多いのも事実なんですね。結果、120万円になってしまって、竹プランよりお高くなりますので……」

竹プラン例

「これがおそらく○○様にとって、一番バランスが取れているプランかと思います。理由が、△△サービスと特典は、しっかりついているからなんですよ。ただ、松プランと比べて、ご相談は5回までという制限が一応ございます。それでも、みなさんおっしゃるのが『やっぱり最初が不安やから、5回でしっかりやってもらえて十分やったわ』とのことで、とても喜んでいただいているんですね」

「ですから、一番選ばれていて『ほんと、費用も安くて助かりました』と言っていただけるのが、この竹プランなんです。で、なんとこれが、100万円でご利用いただけます。みなさんも『あー全然安いやん』って驚かれていますよ！」

と、このように「松→梅→竹」で3つのラインナップを伝えてから、最後は二者択で締めましょう。

二者択一例

「ご理解いただけましたでしょうか。やはり人気は松か竹プランで、ほとんどの方がどちらかを選んでくださっています。その意味で、○○様は、もし選ぶとしたら、松か竹だったらどちらのプランのほうが、いいな〜って思われますかね」

以上、①松竹梅→②二者択一→③第三者話法が「料金説明3つの鉄則」でした。
人は目の前の人よりも、第三者の意見に信憑性を感じます。だからこそ、「いい商品で安いから、これを選んだほうがいいですよ」などと、自分でウマいこと言おうとしてはいけません。

徹底的に、第三者の意見を借りてウリにしましょう。

これが、売りたい高単価商品にお客様を導く、料金説明の秘訣です。

心得 其の五
SOKKETSU! EIGYO DOJO

クロージングを新たな次元へ

料金説明をマスターしたら、いよいよ大詰めの訴求タイムです。訴求とは「相手にしてほしい行動を、ハッキリ要求すること」です。二者択一の後におこないますが、コツがあります。それは、仮定法を使うことです。

「もし契約（スタート）されるとしたら、松と竹のどちらがよろしいですか？」

この「仮定法＋二者択一」の型がクロージングの必殺技です。お客様を警戒させずにプランを選択させる効果があります。二者択一を3回繰り返して、お客様の理想の契約形態を決めてから、その内容でバシッと訴求をしてみてください。

①「**もし購入されるとしたら**、松プランと竹プラン、どちらがよろしいですか？」
②「やっぱり一番人気の竹プランですよね、ありがとうございます。では、**竹プラン**

にされるとしたら、オプションありとなし、どちらがよろしいですか？」

③「オプションありですね。そうですよねー、あったほうがいいですよね、ありがとうございます。ちなみに、お支払い回数は**36回と60回だったら**、どちらがよろしいですか？」

④「36回払いですね、ありがとうございます。竹プランのオプションつき36回払いのプランでしたら、私も○○様にぴったりだと思います。早く成果が出るように全力でサポートいたしますので、ぜひこの機会にスタートしてみてください」

ボクシングで言うと、ジャブ・ジャブ・ジャブ、ストレートのイメージです。全部で3回の仮定法を使いますが、じつは仮定ワードをどんどん薄めて、リアルな決断に寄せていっているのに注目してください。

①「もし～としたら」→②「～としたら」→③「～だったら」→④訴求

細かい技術ですが、このグラデーションを使うのがポイントです。

あなたの商品にも、オプションの有無などを用いて、**3段階の二者択一**を投げかけられるように準備しておきましょう。

ここまで実践している営業マンは、ベテランでもほとんどいませんので、しっかりマスターすれば、それだけで従来のクロージングを超えていくことができます。

また、お客様の選択には都度、オーバーリアクションで共感と感謝を示してあげてください。「そうですよね〜、これがいいですよね〜、ありがとうございます！」と、こんな感じです。

たとえ電話やオンラインでも、お客様に対しては、プライベートの3倍のリアクションでOK。安心感を高め、次の選択を促し、契約に向けて背中を押す効果があります。

遠くからシュートを打っても入らない

即決営業ではよく、クロージングの流れをサッカーにたとえて「**訴求はゴールに寄せてから**」と言います。

まだゴールが遠くてよく見えないのに、シュートを打っても入りませんよね。

なのに、売れない営業マンは、契約内容の仮決定もせずに、お客様に決断を迫るシュートを打とうとします。

すると、どうなるでしょうか?

「ご検討ください」と、禁断のフレーズを言ってしまうのです。

これが、契約率をどん底に下げる訴求です。

契約内容の仮決定には、どの商品のどのプランにするかだけではなく、支払い方法や回数も含まれます。オプションのあるなしも、すべてです。

プランの細部が固まっていないと「買うか、買わないか」の決断まで迫れません。結果、お客様側で持ち帰って検討してもらうしかなくなります。もちろん契約は保留になって、商品は売れません。保留後に運よく1割のお客様に売れたとしても、お客様任せの選択になるので、契約単価は低くなります。

強いマインドでクロージングを通せ

営業マンはお客様を検討に導くのではなく、契約に導くのが仕事です。そのために

（仮定法＋二者択一）×3の型は欠かせません。

ただその場で決断を迫るだけではなく、「**考えます**」を防ぎつつ即決契約に導く、**これが新次元のクロージング**です。まれに「まだ選べません」と言うお客様もいますが、そのときは再度「もし、やるとしたらで構いませんので」と、仮定の話を強調してから、二者択一の質問をしてみてください。

このように2度食い下がってダメなら、猜疑心《さいぎしん》が強すぎるタイプと割り切って、話を先に進めましょう。あとは用意したトークを、最後まで全力で伝え切るのみです。

クロージングを通すために必要なのが、強いマインドです。

同じ営業トークを使っても、売れる人と売れない人がいるのは、その差です。新人営業マンのあなたはとくに、マインドを鍛えなければ即戦力にはなれません。

そこで、次の三段からは、いよいよ営業道場の神髄《しんずい》である、精神力を磨いていただきたいと思います。マインドに自信がついたら、この攻撃と防御を同時におこなう新次元のクロージングに、ぜひ挑戦してみてくださいね。

即決力の極意は「引いてから足せ」

三段

Chapter03:
SOKKETSU! EIGYO DOJO

心得 其の一

SOKKETSU! EIGYODOJO

メルヘン上司に従うな

動画#01 俺たちの商品は売らんと売れん！

あなたが最速でトップセールスになるために必要なのは、足し算よりも引き算です。余計なものを最初に捨てなければ、本当の営業力は身につきません。

スポーツ選手でも、我流で変なフォームが身についていると、まっさらな新人よりも上達が遅くなりますよね。しかも、ちょっと気を抜くと我流に戻ってしまいます。そうして落ちぶれていくベテラン営業マンを、私は数えきれないほど見てきました。ですから、この営業道場では、まず邪魔なフォームをきれいさっぱり取り除いていただきます。

今「営業は初挑戦だから大丈夫」と思ったあなた、あなたにも芯から染みついたものがあります。それが「**買い手目線**」です。

人は子どものころから、買い手として生きています。この買い手目線は、社会人になって営業職や販売職に就いたからといって、自然に抜けるものではありません。つまり、自発的に書き換えないと、営業マンの足をいつまでも引っ張り続けるのです。買い手目線を捨て切れない営業マンは、もれなく「メルヘン主義」になります。つまり、現実世界に適応できず、甘い理想を掲げるようになるのです。

残念ながら、メルヘン主義のまま部下を指導している人も少なくありません。トップセールスを目指すあなたは、そんなメルヘン上司に惑わされないようにしましょう。

じつは、営業界にはびこる暗黙の理想像があります。

「商品のよさをしっかり伝えて、お客様に信頼と感謝をされて、売り込まなくても売れる営業マンになりたい」

買い手目線の営業マンは、心のどこかにこんな非現実的なイメージを抱いているから、当たり前の現実に耐えきれずにすぐに辞めてしまうのです。

私は25年間セールスをして、かつ19年間営業会社を経営してきたからこそ、「売り込まなくても自然に商品が売れていくなんてありえない」と言い切れます。

メルヘンが叶うとしたら、世界一の商品を売っている人だけです。

たとえば、iPhoneや石油のように、いつまでも希少価値の高いものを扱えば、お客様のほうから「ぜひ売ってください」と、お願いしてくれるでしょう。

でも、そんな商品はほとんど存在しません。なぜなら今の世の中は、コモディティ化しているからです。

コモディティ化とは、市場に出たときは希少価値が高かった商品が、競合によって一般的な商品になることを言います。他社で類似商品やサービスが次々に生まれて、市場価値が低下してしまうのです。今や半年も経たずにこのコモディティ化が起こります。

つまり、**お客様にとっては、どの商品も似たり寄ったりになる**ということです。

結果、「安いもの勝ち」の価格競争が起こります。あなたがそこから抜きん出るには、商品をしっかり売り込むしかありません。ちょっと考えてみてください。

あなたが扱っているスマホは世界一ですか？
あなたの会社の建築技術は世界一ですか？
あなたが扱うパソコンは世界一ですか？
また、どのパソコンが世界一ですか？

市場に商品が多すぎて、もう「一番」もわかりませんよね。ましてや、海外の商品まで
ネットで買える時代です。ですから結局、**商売は売りが強い人が生き残ります**。いい
商品をつくるのは大前提で、もはや商品力では勝てない時代になっているのです。
でも、買い手目線の営業マンは、商品を堂々と売り込めません。なぜなら「自分がお
客様だったらこうしてほしい」と感じる通りに動くのが、正義だと思っているからです。
この忖度が、あなたの成功を妨げます。
だからこそ、トップセールスになるには、まず引き算。買い手目線とメルヘン上司を
捨てて、売り手目線に置き換えていきましょう。

心得 其の二

SOKKETSU! EIGYODOJO

俺たちの商品は売らんと売れん

私は22歳の新人営業マンだったころ、典型的なメルヘン上司に出会いました。「鏡の法則」が大好きなTさんです。

そのTさんからは、よくこのように教わっていました。

「相手の立場に立って考えなさい」

「お客様にしっかり誠意を持って向き合ったら、必ず誠意は返ってくるんだよ」

そこで、当時の私は「お客様がどう思うか」を一生懸命に考え、アポ先で少しでも気に入られようと努力しました。

学習教材の販売をしていたので、訪問先のお子さんに自費でキャラクター入りのノートやペンを買って行き、「どれか欲しいものある？」と聞いてはプレゼントしてみたり。子どものお母さんから「そんなのいいですよ〜」と言われても、「いえ、僕が個人的にしていることなので」とニコニコしてみたり。

商談の最後に「じゃあ考えておきますね」と言われても、イヤな顔ひとつせず「ゆっくり考えてくださいね」とニッコリ。お母さんも「またお返事しますね」とニッコリ。お客様の立場に立ち続けると、こうして平和に商談が終わります。

さらに訪問先を出たら、玄関前の落ち葉をビニール袋に拾い集めて帰ったりもしていました。「あとで気づいてくれるかな？」と、ちょっと期待しながら。「あの人、掃除してくれたの」とわかれば、点数を稼げて契約につながるかもしれないと思ったのです。

とにかく私は、メルヘン上司Tさんの教えを忠実に守って、30商談をこなしました。

結果、どうなったと思いますか？

なんと「30商談0契約」の記録を打ち立てました。

私の努力は一体、何のためだったのでしょうか？

ショックを受けた私は、ようやく目を覚まします。

「商品は売らんと売れん」と、気づいたのです。

結局、自分が「買ってあげるスタンス」で生きてきた人は、そのまま「買っていただくスタンス」の営業マンになってしまいます。心のどこかで「お客様は神様」だと思っているのです。だから私も、ご機嫌を損ねないように必死でした。

「30商談0契約」から「10商談5契約」への進化

でも、この「30商談0契約」がターニングポイントとなり、私のスタンスは180度変わりました。売り手の立場から、ガンガン訴求するようになったのです。


「お父さん、お母さん、これ買ってください」

「いいえ、今日決めてください」

「どうかこの機会に、お子さんの学習をスタートさせてあげてください」

「お父さん、お子さんの一生がかかっています。どうかこの機会にご契約ください」

「お母さん、子どもに教育を与えるのは親の最低限の役目です。ぜひお任せください」

このように訴求フレーズを変えて、にごされようが断られようが食い下がりました。

すると、どうなったでしょうか？

お客様のニコニコは消え失せ、主義主張がむき出しになり、ぶつかりが起きはじめたのです。

「それ押し売りじゃないの？」「乱暴な！」「なんでアンタに、そんなこと言われなアカンのよ！」などの怒号は、ほんの序の口。

いかついお父さんに、ネクタイをガーッと引っ張られて家から放り出されたり、「帰れ！」と空き缶を投げつけられたり、子どもにＢＢ弾で撃たれたりなど、散々な目に合いました。25年前は、こんなことも普通でした。


だけど、このやり方で10商談したらどうなったと思いますか？

なんと、平均単価１００万円で５契約が取れたのです。

新人営業マンの私が「30商談０契約」から「10商談５契約」になると、社内の評価もガラッと変わりました。

「やっぱり営業マンは売らんと売れん」と身をもって確信した私は、メルヘン主義をきっぱり捨てました。結果、１年後には１０００人以上の営業マンの中で、年間売上１位を獲得できたのです。

営業マンが本気で商品を売り込むと、友好的だったお客様も、急に敵対的になります。それでも私がめげなかったのは、結果がすべてを物語っていたのと、売ってお客様の役に立とうと思っていたからです。スタートさせなければ、お客様は何も変わりません。

ここまでの話が「押し売り」のように聞こえた人は、こう考えてみてください。

営業マンは商品を通して、経験を売るのだと。

たとえば、奮発して学習教材を買ったご家庭では、まず親の意識が変わり、子どもの行動も変わります。ぐんぐん成績が上がる子も、なかなか上がらない子もいるでしょう。それでも、親子で教材に取り組めば、勉強に向き合う時間が増えていきます。途中で飽きても別に構いません。やっただけの努力は一生消えないからです。

問題に対して行動を起こして経験を得る、この積み重ねが人の未来を変えていきます。

ですから、営業マンは「お客様のスタートをつくる」存在になりましょう。

心得 其の三

SOKKETSU! EIGYODOJO

新人営業が知っておくべきお客様の裏心理

動画#02 お客様が「考えます」と言う理由

商談のリングで繰り出されるお客様の得意技は「考えます」です。新人営業マンは、その攻略法を学ぶ前に、まずお客様の心理を知っておかなければなりません。

では、お客様はなぜ「考えます」「検討します」と言いたがるのでしょうか?

それは、**リスクに反応しているから**です。お客様にとって契約とは、お金や時間や自由を失う行為に当たります。欲しいものを得るのはその後です。

たとえば、某ダイエットプログラムでもそうですよね。スタイルアップのために、高額な費用も、トレーニングにかかる時間も、食生活も犠牲にしなくてはなりません。

だから、お客様はどんなに痩せたくても「考えます」と言うのです。

無料で生活を変えずに、絶対に安全なサプリを1日1回飲むだけのダイエットなら、

誰も迷わないでしょう。

つまり、お客様の意思決定は、メリット対リスクの天秤《てんびん》によっておこなわれます。

具体的には、500万円の貯金を持つ人が300万円の車を買った場合、次のように変わりますよね。


貯金500万円→車300万円＋貯金200万円

たとえ「価値」としてはイコールでも、人はやっぱり「お金」が減るのが怖いのです。保険やコンサルのような、目に見えない商品に払うお金はなおさらです。

本来、商品というのは「もの」だけの価値ではありません。なぜなら、未来を変える力があるからです。

新車を買えば、快適にドライブができて、家族や友人とも楽しい時間が過ごせます。保険に加入すれば、いざというときに入院給付金が出たりして、家族にも経済的な安心を与えられます。ダイエット商材で格好よく痩せたら、すてきな彼女ができて、一生をともにする相手になるかもしれません。

では、あなたの商品が与えられる未来は何でしょうか？

あくまでも可能性で構いませんので、たくさんイメージしてみてください。それが営業マンの力になります。

友好営業と敵対営業の違い

即決営業では6日間の研修を提供していますが、ある士業のお客様は、研修と研修の合間に3件の商談があり、学びたてのテクニックですべて成約したそうです。それで研修費用を稼げたので「あとはプラスしかない」と喜ばれていました。お金を失うリスクが、あっという間に消えてしまったわけです。

さらに受講内容をマニュアル化して社内共有されるとのことで、実践するスタッフさんがどんどん増えていきます。個人の利益も、会社の利益も上がるわけです。

こうして商品によって未来が変わります。この実例は、即決営業ホームページの「法人お客様の声」にも紹介されていますので、興味のある方は探してみてくださいね。

商品やサービスの価値は、活用次第で無限大です。

逆に、お金自体は使うか投資でもしなければ、新たなものは生み出しません。

でも、ほとんどのお客様はそこまで見えていないので、お金を失うリスクにとらわれて「考えます」と言います。だからこそ、**営業マンがお客様に得られるはずの未来をしっかり見せて、背中を押してあげなければ、商品は売れない**のです。

あなたは、そんなお客様の心理を踏まえた上で、「考えます」を攻略していかなくてはなりません。


なお、高単価商品を扱っているのに「考えます」や「検討します」をあまり言われない営業マンは要注意です。なぜなら、まともに訴求していない証拠だからです。ルート営業ならそれでも売れるかもしれませんが、ほかの営業形態ではほぼ通用しません。


人は30万円以上の商品を買うとき、迷うと言われています。家や保険や車、太陽光パネルや浄水器もそうですよね。ここでしっかり「ご契約ください」と言える営業マンに、お客様は「考えます」と言って抵抗します。それを説得するのが「敵対営業」です。

一方、30万円未満の低単価商品なら、お客様はたいして抵抗しません。10万円のスーツや20万円のエステコースだったら、「こちらがおススメですが、いかがですか？」く

友好営業	敵対営業
・低単価商品 ・販売員 ・サービス型(奉仕型) ・説明(プレゼンテーション) ・お伺い ・お客様に決断を迫らない	・高単価商品 ・営業マン ・セールス型(要求型) ・説得(クロージング) ・訴求 ・お客様に決断を迫る

らいですっと売れる場合も多いです。これを「友好営業」と言います。

ニコニコしてお客様に気に入られて商品説明をしていれば、そこそこ売上が伸びるなら販売員と同じですよね。もちろん販売員を否定しているわけではなく、同じやり方では営業マンは売れませんよ、ということです。

販売員には販売員の、営業マンには営業マンの戦い方があります。

ここで簡単に、友好営業と敵対営業の違いを整理しておきます。上の表をご覧ください。

最大のポイントは「説明」と「説得」です。その違いって何だと思いますか？

それは、相手に強い主張があるかどうかです。

たとえば心理学セミナーのように、主張がない参加者に新しい知識を与えるのは簡単です。「へえ、そうなんだ。いいこと聞いたなあ」で、相手は満足します。商談に置き換えると、これが**プレゼンテーション＝説明**です。

では、キリスト教信者を、仏教に改宗させるとしたらどうでしょうか？

仏教のよさを理解させるだけではなく、キリスト教への信仰をやめさせなければなりません。ここで、ぶつかりが起こります。

もっと身近な例で言うと、新しいベッドを寝室に入れるには、古いベッドの処分が必要です。古いものでいっぱいでは、新しいものは置けませんから。

このベッドの入れ替え作業を、商談の中でおこなうのが、**クロージング＝説得**です。

「考えます」→「いやいや、考えますはダメです。今日、即決契約してください」

という形ですね。

もちろんお客様はさらに抵抗します。だからこそ、売るためには「敵対営業」を貫くしかありません。これが営業の難しさであり、営業マンの真価もここにあります。

そもそも、お客様はハッキリしない態度を貫きたいと思っています。決断もせず、お金も失わない、最も楽な逃げ方だからです。

そこで出てくるのが、**「考えます」を正当化する4つの言い訳**です。

①金銭問題「今はちょっと○○にお金がかかるので」「子どもの学費が心配で」
②他者相談「主人に相談してみないと」「私には決裁権がないので」
③他社比較「他社商品も見てみたいので」「ほかでも体験予約しているので」
④時期尚早「この仕事についてまだ間もないので」「○○が終わってから」

こうしてお客様の持ち技を把握し、あらかじめ準備した自分の技を出してこそ、契約という勝利を得ることができます。

寄り添って言い訳を聞くと同情しそうになるかもしれませんが、それではお客様の思うつぼ。共感はたっぷりしてあげても、1ミリも納得してはいけません。納得したら最後、自分の攻撃力が弱まり、逆に説得されてしまうからです。

心得 其の四

SOKKETSU! EIGYODOJO

「媚び」を売るな「商品」を売れ

営業マンは「媚び」ではなく「商品」を売らなければなりません。お客様の契約から遠ざかる発言には納得せず、徹底的に切り返すべきです。

そこで、代表的な4つの言い訳を切り返す技術をご紹介します。

なお、トークについては、あなたが扱う商品や、お客様のセリフによってアレンジが必要ですが、「切り返しの型」は共通です。それが、この3ステップです。

お客様の言い訳→①最後まで共感→②1ミリも納得しない→③必ず訴求で終わる

これが自分のＨＰ（体力）を削らずにお客様のＨＰを削れる、とっておきの型です。

以下、解説していきます。

①最後まで共感

たとえば、カップルのケンカが悪化するのは、相手の話を聞かずに口を挟むからです。

「アンタがああだから、こうなったんでしょ、だって……」

「いや、そんなん全然違うやん。それはあのとき、お前がこうしたから俺は……」

「はあー？　私のせいだって言うの。アンタっていつもそうよね、私が……」

「お前こそ……」

こうして言い争いが泥沼化していきます。お互いが相手の話を自分の話でさえぎって、受け止めようともしていません。経験がある人も多いでしょう。

同様に営業マンも、お客様が考えたい理由を言ったそばから、共感もせずに

「では、月にいくらなら払えますか？」

「で、誰に相談したいと思われていますか？」

「他社って、ちなみにどこと検討されるんですか？」

このように問い詰めるから契約が遠ざかるのです。切り返しをする9割の営業マンは、

この失敗パターンだと思ってください。

正解は、お客様の言い訳を最後まで聞き、共感の嵐で返してあげることです。

お客様「じつは、こういうわけで今はちょっと。そうそう、先月あんなこともあって。そんなときに主人がね……。で、こうこうなので本当に厳しいんです」

営業マン「えっ、そうなんですか。へえ～そんなことがあったんですね。それはそれは、本当に大変でしたね。まさかそんなことが！　お気持ちよーくわかります！」

営業マンは、これくらいオーバーリアクションで、ジェスチャー含め、しっかり共感を表現する練習をしてください。

お客様は「考えたい理由」をつらつら話しますが、いつかは終わります。全力でうなずきながら最後まで聞いてあげましょう。すると**「返報性の法則」**が働くようになります。いいことには「お返し」、イヤなことには「仕返し」が発生するという法則です。

つまり、営業マンが親身になって話を聞けば、お客様も営業マンの話を聞く姿勢になり、共感しようとしてくれるのです。もし、切り返しトークの途中でお客様が突っ込んでくるようなら、自分が先に話の途中で突っ込んだのではないかと疑ってください。返報性の法則は強力ですから、「仕返しモード」もキッチリ発動します。

②1ミリも納得しない

ここで大事なことは、①でどんなに共感しても、絶対に納得しないことです。お客様のよくできた言い訳に、1ミリも納得してはいけません。

口では「そうなんですか。わかります〜」、心では「は、だから何なん？」を貫きましょう。なぜなら**納得する度に、営業マンのHPがどんどん削られる**からです。

結果、本気で切り返せなくなり、売ってお客様の役に立てなくなります。

お客様は平気でこんなことを言ってきます。

「勝手に契約したら、奥さんに離婚されるかも。だから返事は待ってほしい」

「じつは新車を買おうと思っていて、今こんなお金は使えないのよ」

もっともらしく聞こえますが、商談の土壇場で言い出すのはズルいです。最初からわかっていたはずですから。買い手目線の営業マンは、これにコロッと騙されます。

誤解しないでほしいのは、商品が合わなくてお客様が断るのは構いません。ただ、営業マンもアポを取り、時間や経費を使って商談に臨んでいるわけですよね。それに対してお客様が、今更の言い訳で逃げるのはどうでしょうか。

「考えます」に納得するのは、商談を水の泡にするのと同じです。9割のお客様が、断るかフェイドアウトするかのどちらかですから。そこで即決営業では、アポを取る際とプレゼンの直前に最低2回、商談のルールを提示しておきます。

「お話を聞いてみて、気に入らなければ断っていただいても構いません。気に入ったらスタートしてくださいね」

これが「先回り」のテクニックです。「YESかNOか決める前提で話を聞いてね。どっちつかずはNGですよ」と、このルールにお客様を同意させておけば、巧妙な言い訳にも負けません。**最終的にルール違反として戦える**からです。

③必ず訴求で終わる

お客様の言い訳が終わって、自分のHPを守り抜いたら、いよいよ③の説得タイムに入ります。ここでは最後を「○○してください」と訴求で締めるのが肝心です。

お客様はすでに自分の主張を出し切っているので、営業マンの主張にも耳を傾けて「それもそうだな」と納得しはじめます。こうして、お客様のHPが削られたところで、ズバッと訴求です。

具体的には、4つの言い訳に合わせた切り返しトークを投げかけるだけです。「他社比較」だったら自社商品が他社より優位なエビデンスを見せたり、「金銭問題」だったら払える範囲で分割回数を調整したり。その上で、今やるべき理由をお伝えします。

「○○様、正直にお話しいただきありがとうございます。お気持ちよくわかりました。その上で、お話を聞いてみて、○○様だからこそ、一刻も早くはじめられたほうが絶対にいいと確信しました。なぜなら、こうこうこういう理由だからです」「どこでやってもお金はかかりますし、スタートしないと何もはじまりません。○○様ご自身がおっしゃっていた目標達成のために、ぜひこの機会にご決断ください」

このように営業マン側の理由を言って、お客様の納得を取りにいくのが切り返しです。**納得するごとに、お客様のHPは減っていきます**。ただ、最後までお客様は迷いますので、訴求セリフの連打で背中を押すのが有効です。

連打⑴第三者話法

「ご契約されたみなさん『こんなに役に立つならもっと早くはじめればよかった！』と、口をそろえておっしゃいます。どうかこの機会にスタートしてください」

連打⑵仕事訴求

「私も仕事で来ておりますので、ご契約いただきたいと思っております。ぜひご決断ください」

連打⑶ここだけ訴求

「ここだけの話、私は個人的に〇〇様のお人柄にとても好感を抱いておりまして、だからこそ、品質面で絶対に後悔してほしくないと思っております。ですから、ぜひ当社にお任せください」

こうして訴求を繰り返すからこそ、お客様は「じゃあもう、そこまで言うなら」と、ようやく心が決まります。

一方、言い訳をコツコツ切り返しても契約が取れない営業マンには、共通点がありま す。それは、訴求前にお客様の反応をうかがっていること。口では「今日決めたほうがいいですよ」と言いながら、内心「どうだろう?」「どう思う?」とモジモジしているのです。タイミングを逃すと、せっかくの連打も決まりません。

ビジネスには絶対的な正解があります。それが「効果本位」です。

自分本位でも相手本位でもなく、ものごとを効果本位で考える人が、抜きん出ていきます。そこに余計な感情が入るから、うまくいかなくなるのです。

効果本位で言うと、お客様の言い訳に対してやるべきことは**共感→納得しない→訴求で終わる**この3つだけ。媚びではなく商品を売るために、この型はしっかり身につけておきましょう。

感情に振り回されず、やるべきことをやる。これが営業道場の鉄則です。

心得 其の五

SOKKETSU! EIGYODOJO

買い手の正義が「自己中営業」をつくる

売ることに迷う営業マンは、自己中です。なぜなら正義に迷っているからです。
たとえば、「A．売り手チーム」vs「B．買い手チーム」で試合をするとしましょう。営業マンがAチーム、お客様がBチームですね。AとBが戦うとき、AとBの正義はぶつかります。どちらかが悪ではなく、どちらもお互いの正義のために戦うのです。

にもかかわらず、正義に迷う営業マンは、Aチームでありながら、無自覚にBチームの正義を採用します。だから「お客様のため」と称して、売ることに迷うのです。

これはAチームの仲間にとっては、自己中な裏切り行為と同じ。営業道場に入門したあなたは、まずお客様と主張がぶつかったときの立場をハッキリさせておきましょう。

もし、組織が自己中営業マンを放置すると、いずれAチーム全体を潰しかねません。
売ることに迷っても許されている人を見て、周りの人も引っぱられてしまうからです。

動画#03
「買い手の正義」を持つ営業マンは自爆する！

これを「**人の水路化現象**」と言います。水は高いところから低いところに流れますよね。同様に、人も制約が弱まると、本能的に楽なほう、簡単なほうを選んでしまうのです。すると、本来の優先順位が失われていきます。

営業マンがお客様に迎合して「いい人」でいたら、心理的に楽なのはわかります。でも、Aチームにとっては「足を引っ張る人」と同じです。これって本末転倒ですよね。**営業という仕事に就いたからには、売り手の正義を貫かなければなりません。**

これが、即戦力への第一歩です。

補足ですが、どの会社でもたいてい「固定給＋歩合制」よりフルコミ営業マンのほうが結果を出すのは、人の水路化現象に流されにくいからです。「稼ぐには売るしかない」という制約が強いため、自然と先陣を切って戦うようになります。

なぜ「即決＝乱暴」と誤解するのか？

時々「即決営業って、ちょっと乱暴じゃないですか？」と言われることがあります。

言い換えれば「即決営業って、正義じゃないんじゃないですか？」という問いかけです。

でも、それは誰にとっての正義なのでしょうか？

即決営業は、営業マンに営業術を教える会社ですから、顧客の売上アップが私たちの正義です。そのためには、お客様の「考えます」を攻略し、即決契約を迫るのが最善だとわかっているので、効果本位でその技術を提供しているにすぎません。

一方、「即決＝乱暴」と感じるのは、お客様側の正義です。ここを混同して、買い手本位の「売り込まない営業術」ばかり教えたら、私たちの顧客はどうなるでしょうか？

即決契約が取れず、売れる営業マンになれません。結果、当社の正義が失われます。

即決で売れないような商品なんて、もっと売れない

ここで、なぜそうまでして「即決」が必要なのかを再度お伝えしておきます。忘却曲線のところで触れたように、後日返事を許すと契約率が極端に下がるからです。

当社でさまざまな業種の顧客からデータを取ったところ、後日返事の契約率は、訪販業界なら5％、それ以外を含めても13％でした。商材によってかたよりはありますが、**即決が取れない営業マンは、平均契約率が10％以下になる**と思っておいてください。

「商品がよければ、後日返事でも売れる」というのは幻想です。

「うちの商品は高額だから、即決では売れないんだよ」という反論もあるでしょう。ただ、あなたに即決で売る営業力があれば、即決で売れないような商品も、今よりもっと売れます。でも、あなたに即決で売る営業力がなかったら、即決で売れないような商品なんて、もっと売れません。

即決力とは、目の前の相手に対して、自分の要求を通す力です。

即決で売れない高額商品ならなおさら、「担当の方に会わせてください」「次は○日にお時間取ってください」「ショールームにお越しください」「社長さんにプレゼンさせてください」と、何度も何度も要求を通し続けてやっと売れるわけです。即決力を否定する営業マンは結局、この段階を最後まで踏みきれず、途中で脱落してしまいます。

あなたの正義は、AとB、どちら側に立つかで決まります。

強力な営業テクニックを学んで「それはいい、売れそうだからもっと教えて」と肯定するか、「えーっ、そうまでしてお客様に買わせるの」と否定するか?

万人に共通する正義はありません。今のあなたはどちら側でしょうか。

心得 其の六

SOKKETSU! EIGYODOJO

営業マンにWIN-WINはない

営業道場のコンセプトは、何でも売れるトップセールスを育てることです。

ですから、「迷わず訴求しろ」とも「売り手の正義を守れ」とも「即決を迫れ」とも、ハッキリお伝えしています。

会社や商品が変わっても、何歳になっても、どこでも歓迎されて、お金もどんどん稼げたら人生、楽しいですよね。それができるのが、営業職を選んだあなたの特権です。

しかも、営業はとてもシンプルな仕事です。圧倒的な結果を出すために、生まれつきのセンスも頭のよさも必要ありません。やるべきことは2つだけです。

① 自分の要求を通す

② お客様の要求を通さない

これだけで商品は売れていきます。ですから、すべての営業テクニックの目的は、この2点に集約されます。

たとえば武道でも、自分が技を決めて、相手に決めさせなければ試合に勝てますよね。そのために選手は精神力を鍛え、技を磨き、厳しい訓練を積み重ねているのです。

営業マンも、要求を通して商談に勝つためには、精神力が必要です。

じつは、めげやすい営業マンには共通の特徴があります。それは「感謝されて売りたい」「喜んで買ってもらいたい」と思っていることです。

でも、現実的には無理な話。なぜなら、**商売は「売りが先」**だからです。

「売りが先」というのは、売ってから商品を渡すスタイルです。営業側としては当たり前ですよね。でも、お客様からしたら、まだ商品も効果も得ていないのに、お金を払う羽目になります。だから、感謝よりも抵抗が先に立つのです。

もし「売りが後」だったら、お客様は買うときに感謝してくれるでしょう。ただし、先に商品を与えて「買うか買わないか決めてね」というやり方なら、商売ではなくボランティアにすぎません。

これがわかっている営業マンは、**売るときに嫌われる覚悟**があります。だから、お客様の要求をキッパリ退け、自分の要求をバシッと通していけるのです。

そもそも営業マンにWIN‐WINはありません。営業マンのほうは売るためにお客様のWINを考えますが、お客様は営業マンのWINにまったく関心がないからです。

たとえば、あなたが飛行機のチケットを買うとき「航空会社に感謝しなきゃ」とは思いませんよね。航空会社のほうも、感謝されないからってガッカリしたりしません。チケットを買ってもらえば、それで十分だからです。

同様に、営業マンのWINは、お客様からいただく代金だけ。感謝のWINを期待するのをやめたら、マインドが安定し、営業が驚くほどラクになります。

営業は「売ってから感謝される仕事」

でも、ひとつだけ営業マンが感謝されるときがあります。それは「売った後」です。

先ほどの例で、チケットを買うときは航空会社に一切感謝しなかったお客様も、快適な旅行ができたら「あーやっぱりJALはよかったな。また使おう」と思います。

当社が即決営業研修を勧めるときも、しぶしぶ申し込むお客様はいらっしゃいます。それが、受講後に効果が出たら態度が180度変わって「支店のトップになりました」「月収30万円から100万円を突破しました」など、感謝のメールや電話をしてきてくださいます。これが営業の醍醐味。売ってよかったと思う瞬間です。

営業は「売りが先」ですから、感謝されながら売る仕事ではありません。売ってから感謝される仕事です。だから、何が何でも売らないと、お客様の時間を奪うだけで役に立てません。これが腹落ちすれば、営業がどんどんツラくなくなります。

じつは、こんな基礎的なことを、ほとんどの企業では教えていません。だから、会社の宝になるはずの新人営業マンが、次々と挫折してしまうのです。

商売は、商＝商品・サービス 売＝セールスの二本の柱で成り立ちます。営業マンは、その「売の柱」を担う、社会にとってなくてはならない存在です。

だからこそ、あなたの仕事にもっと自信を持ってください。堂々と売って売って売りまくり、お客様の感謝が止まらない営業マンになりましょう！

心得 其の七

SOKKETSU! EIGYODOJO

お客様を揺さぶるのは「秘めた感情」

動画#04 やり方よりも感じ方が重要 マジで悔しくない?

商談に臨んでいるとき、あなたの奥にはどんな感情がありますか?
それによって、お客様の「考えます」や、さまざまな言い訳を攻略できるかどうかが決まります。じつは「考えます」にも、大きく分けて2つのケースがあります。

①即決できないケース例
・夫に相談しないと決められない
・社長に聞かないとわからない
・部下と話し合って決める社風なので

②契約不可能ケース例
・本当にお金がない
・まったく時間がない
・その他、契約できる状況じゃない

こんな言い訳に、何も感じない営業マンは売れません。感情が先行しないと、人は本気で動けないからです。**理屈→感情→行動**の流れがパワーを生み出します。

「考えます」に素直に納得してしまうあなたは、いつも自分に問いかけてください。**「悔しくないのか?」と。**

すると、お客様の言い訳を聞き続けるうち、感情が芽生えてくるはずです。「考えます」の攻略法を学ぶのは、その後でも十分。営業マンは**「やり方」よりも「感じ方」が重要**だからです。

こう考えてみてください。もし契約が決まらなければ、商談は「無料説明会」になります。コスメの体験会や、お試しセッションなどと同じです。

この「無料」を、気軽に捉えてはいけません。なぜなら、**無料なのはお客様だけ**だからです。買い手目線の営業マンは、ここを見落としています。

商談や説明会にかかるすべての経費は、売る側の負担です。交通費や人件費、配布物、手土産、会場費、あと時間や労力もかかります。一方、買い手側は、まだお客様でもないのに、自分に合わせたサンプルやコアな情報を得られます。だからこそ「代わりに、商品が気に入ったら買ってね」という、暗黙の了解があるのです。

それなのに、いざ営業マンが契約を迫ったとき、「最初から買うお金はなかった」とか、適当な言い訳を並べられたらどうでしょうか。悔しいはずですよね。

内心、「それ先に言ってよ！」くらい思うのが、営業マンの正しい感じ方です。

お客様を動かすのは営業マンの「悔しさ」

たとえば、当社には企業向けの「お試し研修」があります。「その場で導入するかどうかを決める」という条件で、本研修の内容をギュッと絞って、私が誠心誠意お伝えしにいくわけです。ただし、必ず返事をもらうために、決裁者にも同席していただきます。

結局、どんな商談や体験会でも、営業マンがお客様に寄り添って提案をするのは、商品を買ってほしいから。じつは、お客様もそれくらいわかっています。

スーパーの試食コーナーでも、「食べてみておいしかったら買おう」と思いますよね。スタッフさんがよくしてくれたら「何か買わないと悪いな」とも思います。

だったら、営業マンから無料で話を聞いたり、商品を試したりしたお客様もそう思うはずです。なのに、適当な言い訳で、答えをにごして逃げるのは誠実ではありません。

あなたも、まずそれを「悔しい」と感じてください。その上で『先回り』のテクニックを使えば、効果が何倍にもなります。**感じて→動く**という順番が大切です。

先回りについては、先ほども少し触れましたが「無料で話を聞いたら、買うか買わないかを決める」という約束を、暗に取りつけておくことです。


「お話を聞いてみて、気に入らなければ断っていただいても構いません。もし気に入ったら、この機会にスタートしてみてくださいね」

「精一杯ご説明させていただきますので、当日は決裁者様も同席してくださいね」


このセリフを、アポ設定時、アポのリマインド時、プレゼン直前など、少なくとも2回は伝えて「はい」と返事をもらっておきます。共通ルールを定めて、フェアに戦うためです。それでも適当な言い訳で逃げようとするお客様には、「最初にこうお伝えしていましたよね」と、ルールを思い出させてあげましょう。

テクニックも大切ですが、最終的にお客様を動かすのは、営業マンが内に秘めた悔しさです。売り手の理屈でものを考え、感情のパワーを活かしていきましょう。

心得 其の八

SOKKETSU! EIGYODOJO

営業マンは即決ソウルを燃やせ

即決ソウルがない営業マンは、成長しません。即決ソウルがないというのは、お客様の「考えます」に対して、悔しさや理不尽さを感じないということです。そんな人がすぐれた営業テクニックを使っても、お客様に言い負かされ、敗退してしまうでしょう。

私がソウルの力を知ったのは、音楽を通してでした。私は27歳のころ、京都の四条堀川のマンションに2年ほど住んでいて、働きながらジャズピアノを習っていました。その先生との出会いが衝撃的で、私がジャズバーをめぐっていたら、客席にいた50代くらいの酔っぱらいおじさんが、いきなりピアノを弾きはじめたのです。

さっきまで「やっぱりバーボンは、ツーフィンガーや」とか、「蚊おるな、蚊ようけおるな。まあ窓開いとるからな……」とか、ぶつぶつ言っていたのに（笑）。

でも、彼が弾きはじめると、あまりの迫力に店中が息をのみました。演奏後に「京都でジャズを教えている」と聞いたときには、思わず体験レッスンに申し込んだほどです。それが、プロの市川修先生でした。

最初の授業も印象的で、先生が「ジャズにも色々あって、僕はブルース系が一番好きでね。オールディーズの本しかないけど、ちょっとどれか好きなんある？」と言うので、並んでいる楽譜の中から、ビートルズの〝Let It Be〟を選びました。ごく簡単なコードしか書いていない、小学生向けのような楽譜でしたが。

すると、先生は「ちょっと弾き方わからへんけど」とか言いながら、ブワーッと弾きはじめ、私は「うわ、めっちゃ上手い。今まで出会った人の中で一番上手い」と衝撃を受けました。まさに魂に響く音でした。

で、続けて習うことを決めたのですが、この先生の教えが「**ソウルがないと意味がない**」だったのです。

「音楽はな、伝わるから、波動が。こないだも僕が、京都の三条のライブハウスに行ったときに、ロックピアノの若い子が来てたの。その子も上手やねんけど、なんか自分の指が動くことを自慢するかのごとく、バーッと弾きよんねん」

「堀口くん、きみはまだまだ指が動かへんからな、『G』といっても単音のソで『Gーっ』ていうくらいしかできへん。その子はブワーッって弾きよるけど、きみはまだちょっと下手くそなほうよ。でも、上手い下手じゃないねんな」

「もし堀口くんがステージに出るんやったら、単音でもいいから『Gーーーっ！』『Fーーーっ！』って弾いたら、パァァっと伝わるねん。なんぼピアノが上手くても、そこにソウルがないと意味がないんや」

「買い手ソウル」の営業マンでは会社が潰れる

たとえば、新人でトークが下手でも、いきなりパーンと契約を取ってくる営業マンがいます。それは、「よっしゃ、やるぞ！」という純粋なソウルがあるからです。

でも、だんだん慣れてくると、逆に契約が取れなくなったりしますよね。小手先の技術に頼りはじめるからです。ソウルがない営業マンに、お客様は揺さぶられません。

高校球児が毎日、厳しい練習に耐え抜けるのも「絶対に甲子園で勝つ」というソウルがあるからです。だからこそ、周りを感動させて、試合に負けたら悔し涙を流し、グラウンドの土を宝物のように持ち帰ったりもするのです。

では、もし負けた選手たちが「まあ、片方は負けるんだから仕方ないよね」とケロッとしていたらどうでしょうか。相手チームも観客も、みんな白けてしまうでしょう。

私だったら「ほかのチームに出場権を譲ってやれよ」と思います。勝ち負けがどうでもいいなら、草野球で楽しめばいいからです。

ソウルのない営業マンも同じです。商談という戦いのリングで、お客様の言い訳や「考えます」をあっさり受け入れるつもりなら、現場に向かう意味はありません。

新人だろうがベテランだろうが、営業マンはビジネスを背負った戦士です。**営業部が強ければ、会社も潰れません。**そんな重要ポジションにいながら「そりゃ、お客様もよく考えたいよね」のような、買い手ソウルではいけないのです。

たとえば、決断を迫ったときのお客様の逃げ口上でよくあるのが、「話を聞いてくれと言われたから来ただけ」です。私はこれを聞くと、いつも怒りを感じます。

だって、こんな大人、無責任ですよね。人はそう簡単に、他人の言いなりにはなりません。

「お話しさせてください」と言われても、自分の意思で「聞いてみよう」と思ったから、営業マンと会ったはずです。そもそも、本当に言われたから来ただけなら、「契約してください」と言われたら、契約もするのではないでしょうか。

すぐれた営業トークはたくさんあります。でもお客様は、耳だけで聞いているわけではありません。「五感＋直感」を使って、営業マンのソウルを感じているのです。

強いソウルはトークに乗って、お客様に伝わります。

学校の授業は聞かない子どもたちが、ＴＥＤ（Technology Entertainment Design。さまざまな分野の専門家による講演会を主催しているアメリカのＮＰＯ団体）の講演なら聞き入るのも、話し手のソウルの差、と言ったらイメージしやすいでしょうか。

商談に来るお客様は、１００％の価値観で「即決しないのが当然」と思っています。それに対して、**営業マンが１００％の価値観で「無料で話を聞いたからには、即決が当然」と思えなければ負け**なのです。

この絶対的価値観が、即決ソウルです。お客様を論破する必要はありません。ただ即決ソウルを込めて「ご決断ください」と訴求してみてください。

心得 其の九

SOKKETSU! EIGYODOJO

即決商談は「デスマッチ」で臨め

即決ソウルを身につけたら、もうひとつ大事なことがあります。それは、戦いの場のセッティングです。

たとえば、あなたのターゲットがウサギだったとしましょう。広い草原でいくら追いかけても、逃げ足の速いウサギは逃げてしまいます。でも、周りが柵で囲まれていたら、ウサギも応戦するしかありません。結果、純粋にパワーが強いほうが勝つことになります。

つまり、**対決のリングをつくって商談に臨んでいるかどうかが、売れる営業マンと売れない営業マンの違い**です。

普通にアポを取って会うだけでは、お客様は逃げ放題になります。

そこで有効なのが、アポの日時設定後の「3つの確認」です。この技術で、お客様の逃げ場を先にふさいでおけば、営業マンの勝率がぐんと上がります。リングで言うと、三方向を囲って退けなくするイメージです。

以下、当社が実際におこなっているBtoB（Business to Business。企業から企業に向けた商品やサービスの提供）の例で解説していきます。商材は企業向けの営業研修ですが、あなたの商材にも当てはめてみてください。

①決裁者の確認

まず、交流会や紹介で知り合った社長・部長に、10分ほどでさらっとプレゼンをして「お試し研修＋商談」の提案をします。

アポ日程が決まったところで、**契約する場合は、誰が決裁者になるのか**を質問しましょう。幹部クラスと話していても、ほかに決裁者がいる場合があるからです。

これで商談当日、誰に対して契約を迫ればいいかが確定し、「私には決められない」「社長に相談しないと」などの逃げ道をふさげます。

②決裁者への費用の確認

次は、決裁者に連絡を取って、**契約する場合に費用が払えるかどうか**を確認します。

「御社は大丈夫だと思うんですが、たまに『お金がない』という会社さんもあるわけです。うちの企業研修は△△万円ほどかかりますので、お試し研修をご覧になって『よかった』と思われても、結局、お金がないと導入できませんよね。弊社ではそういったところに、お試し研修はしないんですよ。ですから、もちろん○○様のところは大丈夫だと思うんですけど、そこはみなさんに確認させてもらっていて、もしやるとなった場合、費用のほうは大丈夫ですかね」

これで、「お金がない」「今はほかで費用がかかる」などの逃げ道をふさげます。

③決裁の確認

最後に、無料でお試し研修をおこなう**交換条件として、当日決裁の約束を取りつけます**。つまり、「考えます」は言いっこなしね、そのために決裁者は必ず同席してね、という先回りです。

「当日は無料で研修をおこないますが、もちろん導入していただきたいと思って、精一杯やらせていただきます。ですから、もし『内容が合わない』と思われたら断ってもらって構いませんが、『効果がありそうだ』と思われたらご契約いただきたいので、やるかやらないかの決裁はその場でしてくださいね」

これで「検討します」「稟議《りんぎ》に回します」「相見積りします」などの逃げ道をふさげます。

この3つを確認しておけば、デスマッチリングが完成し、商談当日のお客様の退路は断たれます。あとは正面にあなたが立ちはだかり、決裁者と真っ向勝負しましょう。

商談のリングでは、お客様は素人ですから、プロである営業マンが圧倒的に有利です。

なお、退路を断つのは、あくまでもお客様の言い逃れを防ぐためです。商品が気に入らないのに、ムリヤリ契約させる狙いではありませんので、そこは安心してくださいね。

BtoCでも「3つの確認」を忘れるな

新人営業マンのうちは、BtoBを少し高度に感じるかもしれませんので、最後にBtoC（Business to Customer。企業から個人に向けた商品やサービスの提供）の例もあげておきます。

たとえば、あなたがHPの制作会社で営業をしていて、問い合わせが来たとしましょう。まず訪問かオンラインでヒアリングをして、「では、その内容に合わせて、ラフ案を書いてみますね。通常3万円ですが、今回無料にしますので、やらせていただいてよろしいですか？」と言って、受け渡し日を設定します。ここで「3つの確認」の出番です。

①「決裁は○○様がされますか？　あ、ご夫婦ですね。では、1週間後にお持ちしますので、その日は奥様も同席してくださいね」

②「もしやるとしたら50万円必要ですけど、予算は大丈夫ですよね？」

③「特別に無料でラフ案をおつくりしますので、出来が悪いと思われたら断っていただいて構いませんが、気に入ったらぜひご依頼くださいね。するかしないかは、その場で決めてください」

と、この流れで、アポのキャンセルも激減し、契約率も上がります。

BtoB、BtoCを問わず、お客様に役立つ無料サンプルを用意して、交換条件として決裁者商談を取りつけ、3つの確認をして、当日はしっかり即決契約を迫りましょう。

お客様が逃げ放題の商談を組んでしまうと、営業マンは絶対に追い切れません。退路を断つ練習をして、タイパ・コスパを爆上げしていってください。

心得 其の十

SOKKETSU! EIGYODOJO

プロ営業マンにアドリブはない

売れたり売れなかったりする営業マンは、テクニックの言語化が必要です。感覚で営業をやっていると、成績に波が出て、スランプに陥ったとき脱出できなくなるからです。さらに、商品や客層の変化についていけず、部下にも正しい技術を教えられません。

武道でも、相手をたまたま投げ飛ばせても、型を把握していないと技として再現できませんよね。敵はあの手この手でかかってきますから、勝つためには自分がいつどんな技を、どのように使うべきかを整理しておかなくてはなりません。

同様に営業でも、型が定まっていれば安定して売れますし、型が定まっていなければ安定して売れません。大切なのは手順と言語化です。

たとえば、当社のBtoBアポには、このような型を使っています。

①交流会などで名刺交換と挨拶をする。
②「第三者話法」や「限定質問」で、自社商品で解決できる悩みを引き出す。
③悩みがヒットしたら、セールスポイントやベネフィットを伝える。
④「YES取り」をおこなう。
⑤「解決策提示」のためにアポを取る（「それなら当社でお力になれると思いますので、一度、詳しくお話を聞かせてください」）。
⑥OKが出たらすぐに「二者択一」で日時設定する。

さらにこの型を、細部までトーク化してあります。ここまでやってはじめて、「自分が何をやっているのか」が明確になり、安定した再現力がつくのです。

売れる営業マンは、その場の雰囲気でアポを取ったり取らなかったり、クロージングをしたりしなかったりしているわけではありません。いつも同じように行動します。これが安定した売上の秘密です。「プロにアドリブはない」と覚えておきましょう。

さらにもうひとつ、重要な型をお伝えしておきます。ほとんどの営業マンが見落としている、商談の「環境設定」の型です。

じつは、**商談の勝敗は、営業マンの姿勢よりも、お客様の姿勢に左右されます。**

せっかく商談に持ち込んでも、お客様に向き合う姿勢がなければ、プレゼンや料金を聞いてから「そこまでじゃないんですよね〜」とか「本気じゃなかったので」とか、平気で言い出すからです。これを言わせた時点で、営業マンの負けです。

お客様を同じリングに上げてから戦え

武道やスポーツの試合だったら、お互いが戦う気満々ですよね。でも、商談に来るお客様の多くは「ちょっと観覧」程度の気持ちです。ですから、まずリングに上がってもらわないと、対等に勝負ができません。お客様が観客席にいると、すべてが他人事で、上から目線になります。スポーツの観客が、選手に好き放題ヤジを飛ばすのと同じです。

そこに営業マンが営業を仕掛けても、圧倒的に不利なのはわかるでしょう。

お客様を商談のリングに上げるには、問題解決にコミットさせる必要があります。先ほどアポの型をお伝えしましたが、それを守っていれば、商談自体が「痩せたい」や「英語を覚えたい」など、お客様の問題を解決するためにおこなわれるはずです。そこで、以下の環境設定の型を使えば、お客様をリングに上げて、土壇場で逃げるのを防げます。

①論点固定	「今日は○○様のお力になれるよう、解決策を精一杯、お伝えさせていただきますのでよろしくお願いいたします。しっかり準備してきましたので、気になることは何でも聞いてくださいね！　まず確認ですが、○○様のお悩みは、先日おっしゃっていた『年収を上げたい』ということでよろしかったでしょうか？」
②目標の数値化	「具体的には、どのくらいの年収になりたいですか？　あと、いつごろまでに達成したいですか？」
③誠実レッテル	「半年以内に年収1千万円が目標ですね。ありがとうございます！　○○様が誠実な方で安心しました。というのは、交流会などではたまに、その場のノリで適当なことをおっしゃる方もいらっしゃるので、○○様が真剣に問題解決に向き合われていて本当によかったです！　だからこそ、私が今日こうして伺っておりますので。私もたくさんの人を見てきたのでわかりますが、今日お会いしてますます、○○様が誠実で有言実行の方だと確信しました。成果もすぐに上がると思います！」
④論点の再確認	「それでは今から、○○様が半年以内に、年収400万円から1千万円にアップするための提案を精一杯させていただきますので、よろしくお願いいたします」

①論点固定→②目標の数値化→③誠実レッテル→④論点の再確認

この環境設定の型を「年収が少なくてもっと稼ぎたい」というお客様に当てはめたものが、表のトークです。

まず①で、これから何のために商談をするかを明確にして、「本気で解決したい気持ちがありますよね？」と確認しておきます。さらに②で、お客様自身に目標を数値化してもらいます。最後に③で、「あなたが誠実な人でよかった」と念を押しておきます。あとは④で、論点と目標を再確認してから、プレゼンに入りましょう。

この環境設定を仕掛ければ、お客様も当事者としてしっかり問題解決に向き合うしかなくなります。**論点固定と目標設定までして「やっぱりやめた」と言わせないために、誠実レッテルは効果絶大ですので試してみてくださいね。**

これで「お客様のための提案」であることが明確になり、成約率は爆上がりします。

以上、三段では、「即決ソウル」と「営業の型」の重要性をお伝えしました。この基本なくして成功はありえません。動画も活用しながら何度も読み返してみてください。

デキる新人こそ競争大好きになる

四段

Chapter04:
SOKKETSU! EIGYO DOJO

心得 其の一

SOKKETSU! EIGYODOJO

自己満足営業マンは滅びる

おめでとうございます。あなたは三段で「買い手の正義」を捨て去り、「売り手の正義」を理解しました。ここからは次の段階です。

さて、営業マンにとって、絶対に逃れられないものは何だと思いますか？

それは比較です。営業職には成績表やコンテストがあり、つねに人と比較されます。

では、なぜ比較が重要なのか。それは、**比較がないと自分を測れない**からです。

たとえば、あなたがはじめて弁護士を選ぶとき、いきなり直感で決めませんよね。少なくともネットで、オフィスの場所や料金、口コミや外見などを比べてみるでしょう。

つまり、社会的な価値はすべて、比較のもとに成り立ちます。

「成功者」も「トップセールス」もそうですよね。比較がなければ、成功も1位もありません。

動画#05 6つのネガティブ感情と向き合え！

それなのに、比較を避ける営業マンがいます。なぜなら、「私はダメだ」と感じたくないからです。比較には「劣等感と優越感」がつきもので、**劣等感を感じやすい人は比較を嫌い、優越感を感じやすい人は比較を好む**傾向にあります。

こういった感情は生理現象と似ていて、自分ではなかなかコントロールできません。汗をかくのを止めようと思っても、自分の意思では止められませんよね。同様に、誰かにイヤなことをされて、腹が立つのを止めるのも難しいはずです。

そこで私たちにできるのは、汗をかいたら拭くかシャワーを浴びること、腹が立ったら、その怒りをどこかで解消することだけ。つまり事後対応です。

事後対応では耐えきれない営業マンは、逃げる方向にいきます。で、「人と比べず、自分と比べる」などと言い出すのです。

でも、業界トップでもない限り、昨日の自分を超えたところで、社会的には何のインパクトもありません。大谷翔平さんクラスの方々が言うから、周りも納得するのです。

たとえば、YouTubeの登録者数が10人から100人に増えて「よし、昨日の自分を超えた！」と思っても、単なる自己満足で視聴者には通用しません。でも、1万人から10

万人に増えたら、「人気チャンネルなんだな、見てみよう」と思われるでしょう。YouTubeからも上位1〜2%と認められて「銀の盾」をもらえます。

これが競争社会です。営業マンならそこで生きる覚悟をしてください。

営業会社で生きるなら、叱咤激励を受け入れて戦え

昔、私が入った営業会社にトンデモ上司がいました。メルヘン上司のTさんとは対照的な本部長のYさんです。彼は毎朝の朝礼で54支店を電話回線でつなぐと、こんな話をしていました（なお、文中のディスコ＝クラブです）。

「お前たち、空気を否定するなよ。昨日『マネージャーの叱咤激励《しったげきれい》がうるさいから、アポがけできません』って言った奴がいたんだよ。言っとくぞ、空気を否定したら生きていけねえんだぞ。営業会社でしょ、ここは。やかましい叱咤激励があるから、オマンマ食えんだぞ、お前ら。今夜8時までに出ろよ。今日だよ今日、今日のアポだよ！」

「これを『うるさいから、アポがけできません』とか言う奴。いやいや、俺は言っ

てやりたい。『ここは営業会社だぜ』って。だってさ、お前ら考えてみろ。ガンガン音楽が鳴って踊ってたらディスコだけど、無音で踊ってたらバカだろ。それをＤＪの人に『音がうるさいんですけど』って言ってみろ。ＤＪが何て言うかわかるか。『ここ、ディスコだぜ？』って言われるよ」

口が悪いですが、25年前はこんな上司もよくいました。何が言いたいかというと「クラブにはクラブの空気があり、営業会社には営業会社の空気がある。営業会社で生きるなら、叱咤激励を受け入れて戦え」ということです。その通りですよね。

比較の空気を否定する営業マンに、成長はありません。

ボクシングに怪我はつきもの。痛みから逃げたら、ボクサーは務まりません。骨も一度くらい折れるでしょう。訓練から逃げたら、軍隊では生き残れません。軍隊を辞めたくないなら、つべこべ言わず訓練を受けるしかないのです。

同様に、営業マンに比較はつきものです。ビジネスは自己満足の世界ではありません。今ある環境で戦う。これをしっかり自覚して次のステップに進みましょう。

心得 其の二

SOKKETSU! EIGYODOJO

ネガティブ感情を味方につけろ

デキる営業マンは、みんな競争大好きです。コンテストや成績グラフで自らを奮い立たせ、技術を磨いて力を証明しようとします。

では、競争にめげないマインドは、どうすれば身につくのでしょうか？

大切なのは、「6つのネガティブ感情」と、うまくつき合うことです。

①「怒り」自分にとって重要な境界が破られた
②「嫉妬」重要な資源を他人が持っている
③「恐怖」すぐそばに危険が存在する
④「不安」自分にとってよくないことが近づいている
⑤「悲しみ」大事なものが失われた

⑥「恥」自己イメージが壊された

人は6つのネガティブ感情から逃れることはできません。なぜなら、その発生源は、生存本能だからです。本能が「今あなたは、安全性を脅かされているよ」と、教えてくれているのです。

さらに、ネガティブ感情は競争の中で増幅し、劣等感を刺激します。劣等感が人を追い詰めるのも「人より劣っていたら生き残れないよ」という、切実なサインだからです。

以下、比較にさらされ続ける営業マンが、6つの感情をどう捉えて、どう向き合っていけばいいのかをお伝えしていきます。

①怒り

人として最低限のルールなど、自分にとって重要な境界が破られたときに生じます。

新入社員にいきなりタメ口をきかれたり、上司からいきなりスリッパで頭を叩かれたりしたら腹が立ちますよね。

セクハラやパワハラで、加害者にあまり悪気がなくても、被害者が「絶対に許せない」と怒るのは、その人の境界を超えたからです。

怒りが出たら「相手が今、境界線を越えたよ」というシグナルだと理解しましょう。怒りを通じて、自分の許容範囲を見極めることができます。

②嫉妬

自分が欲しいものや、自分にとって重要な資源を他人が持っているときに生じます。

よく「かわいい事務員は組織を崩す」と言われるのも、嫉妬が原因です。その事務員がひとりの社員とつき合うと、同僚たちは「かわいい事務員に愛される」という潜在的な資源を奪われたと感じます。すると、嫉妬がうずまき、人間関係が一気に悪くなるのです。

ただ、嫉妬は同僚同士など、自分との接点がないと生まれません。あなたがメジャーリーガーでなければ、大谷翔平選手に対して「投げても打ってもすごいってなんやねん、腹立つ～！」とか思いませんよね。なぜなら、異次元の存在だからです。

つまり嫉妬が出たら、自分と相手が同じ次元にいる証拠。「私にも同じ資源が手に入る可能性がある」と理解すれば、成長のモチベーションになります。

③恐怖

すぐそばに生命の危険を感じたときに生じます。

たとえば、大きな地震が起きたり、猛スピードの車が接近してきたりした場合です。お金がないのに仕事や家を失ったときなども、恐怖を感じるでしょう。通常は、原因を取り除けばおさまります。

もし恐怖が出たら、何かから身を守ろうとしているシグナルだと理解しましょう。本当に恐れるべき対象なのかを見極めれば、行動にかかるブレーキを減らせます。

④不安

自分にとってよくないことが近づいていると感じたときに生じます。

恐怖との違いは、明確な対象がないことです。「イヤな予感がする」「大きな病気だったらどうしよう」「将来が不安」など、漠然としているのが特徴です。

でも、「大きな病気だったらどうしよう」と「大きな病気になった。どうしよう」は、ぜんぜん違いますよね。大切なのは、まず病院に行って事実と主観を区別することです。

つまり、不安が出たら「これは自分の主観的なサインだ」と理解しましょう。事実確認をして客観性を取り戻せば、適切に対処できます。

⑤悲しみ

自分にとって大事なものが失われたときに生じます。

一緒に住んでいた恋人が出ていったり、友人が一斉に離れていったり、愛車や大金や地位を失ったら悲しいですよね。失ってから価値に気づくものも少なくありません。

もし悲しみが出たら、「自分にとって大事なものだったんだな」と理解しましょう。その上で、どうすれば取り戻せるか、次はどうすれば失わないかを考えればいいのです。

⑥恥

自己イメージが壊されたときに生じます。

たとえば、人前で罵倒《ばとう》されたり、ステージで転んだり、大事なコンペでプレゼンを失敗したときなどです。「私、本当はそんな人じゃない！」と強烈な感情が生じます。他者に恥をかかされた場合は、怒りや恨みに変わることも珍しくありません。

もし恥の感情が出たら、ただ「私がつくり上げた自己イメージが壊されたんだな」と理解しましょう。自己イメージは一種の「制限」ですから、壊せば壊すほど自由になって、失敗を恐れず成長していけます。

以上が、６つのネガティブ感情とのつき合い方です。感情の奥を見つめれば、プラスに転換できるので、恐れる必要はありません。

孫子もこう言っています。

「彼を知り己を知れば百戦殆《あや》うからず」

つまり、勝ち続けるには、敵だけではなく自分をよく知る必要があるということです。

あなたも自分のネガティブ感情から目をそらさずに、思い切って競争の世界に飛び込んでみてください。そうすれば、劣等感のエネルギーさえ、勝利へのブースターに変えていけるでしょう。

心得 其の三

SOKKETSU! EIGYODOJO

営業マンは手をつないで走るな

営業職を選んだからには、社内の営業マンも、社外の営業マンもみんなライバルです。ひとりのお客様を、同時に5人の営業マンが奪い合うことも珍しくありません。だからこそ、どんなライバルにも負けないマインドと技術が必要です。

じつは、**劣等感の強い人は、営業マンとして見どころがあります**。「負けたくない」という向上心がなければ、劣等感もないからです。

私は昔、マクドナルドでアルバイトをしていたことがあります。なかには「絶対にランクを上げたい」とバリバリ働くバイトもいましたが、私はそんな彼らといても、何も感じませんでした。マイペースでゆるく働き、結果的にはすぐに辞めてしまいました。当時は俳優を目指していて、マクドナルドに思い入れがなかったからです。どんなに

動画#06 痛みがないと得るものがない

負けず嫌いの性格でも、本気を出さないと劣等感は覚えません。

たとえば、営業会社でどんどん周りが昇格しても「別にいいし」と思っていられる人は、そもそも営業に対して本気ではないはずです。

学校でも、どんどん周りの成績が上がって、自分は成績が悪いままでも「そんなの関係ない」と思っている子どもは、勉強に対して本気ではありません。

つまり、劣等感は本気のシグナルです。「私はここで向上したい」と思う人は、必ず自分と周りを比べて、もっと実力をつけようとします。

陰と向き合うことで大きく成長できる

ここで、覚えておいてほしい言葉があります。

「ノーチャレンジ・ノーペイン」「ノーペイン・ノーゲイン」

この2つです。

ペインは「痛み」、ゲインは「利益」ですね。

もし、あなたが挑戦を避けて、勝負の土俵に上がらなければ、痛みは感じなくてすみます。でも痛みを感じなければ、得るものもありません。称号、お金、名誉、出世、トップセールスの座も手に入らないでしょう。

世の中の成功者で、比較の痛みを感じてこなかった人などいないのです。

「挑戦と痛み」を選択するかどうかは、それぞれの生き方です。ただ、私は自分の子どもに、ノーチャレンジの人生など送らせたくありません。

とくにゆとり世代以降の人は、劣等感を避けるために「競争してはいけません」という学校教育を受けています。運動会の徒競走で、子どもたちが手をつないで走って、一斉にゴールする学校があるのをご存じでしょうか。「みんな1等賞」の世界観です。

冷静に考えたら、みんなが徒競走で1位になる必要はありませんよね。

たとえビリでも勉強ができたり、絵が上手かったり、人当たりがよかったり、それぞれの得意なことや長所があるはずです。学校ではそれを認め合って「人として優劣はつけられないよ」でいいのではないでしょうか。

そもそも、大人は何から何まで比較するくせに、子どもは比較してはいけないなんて無理な話です。スーパーのリンゴでさえ、どれがきれいか比べて買うのですから。

結局、比較がないと選択もできません。

上の陰陽太極図をご存じでしょうか。ものごとには二面性があります。

どんなによく効く薬でも副作用があり、どんなにいい人でも意地悪な面があります。死刑囚でさえも、子ども好きだったり、優しい一面があるのです。犯罪者の母親が、涙ながらに「この子、本当はいい子なんです」と言うことがありますよね。あれは演技でかばっているわけではなく、本当に優しい面を知っているのでしょう。

人は陰と陽をあわせ持つ存在です。陰なしで陽はありえません。幸せな人は苦労もしていて、大成功した人は大失敗もしています。

だからこそ、**営業マンも逃げずに陰と向き合うべき**です。なぜなら、陰と向き合えば、大きく成長できるからです。もし学生気分で、周りの人と手をつないで走っているなら、今日限りでやめてください。

せっかくこうして営業の世界に来たのですから、売れない劣等感、売れる優越感を思う存分、味わっていきましょう。

心得 其の四

SOKKETSU! EIGYODOJO

「末人」ではなく「超人」であれ

賢い人ほど失敗を恐れて、挑戦を避けることがあります。

私は家庭教師の派遣会社も経営しているので、大学生たちともよく接していました。ふと思い立って、京大生のひとりに将来の夢を聞いてみると「僕、別に……銀行に就職したいです」なんて言うのです。「えっ」と思って理由を聞くと、「年収７００万円くらいになるので、それで十分です」と。

私は「ちょっと待って。日本でトップレベルに賢い人がそれでいいの？」と驚いてしまいました。まだ22歳で、いくらでも高みを目指せるのに、夢も収入も追わずに「ノーチャレンジ精神」って……。うちの新人営業たちが、いきなり年収１０００万円を目指して入社してくるのとは大違いです。

現役京大生の彼はきっと、小学校から高校までテストは100点、つねにクラストップで、オール5の成績。そこから、猛勉強して京大に入り、ほぼノーミスの人生を送ってきたのでしょう。

ただ、社会に出ると、勉強ができる人より、仕事の要領がよくてコミュ力が高い人のほうが評価されがちです。賢い彼はそれを察し、身を削って京大まで上り詰めたからこそ、今更、劣等感に向き合いたくないと思うのかもしれません。

人それぞれの人生ですが、私はせっかくの才能は、最大限に発揮してほしいと思っています。これといった夢がなくても、お金をたくさん稼げば、納税という形で安定した社会貢献ができますよね。だから私は、自分も挑戦して稼ごうと思うし、「稼ぐ人」をシンプルに尊敬しているのです。

ニーチェという有名な思想家がいます。

彼は、衝突を避けながら目的なく生きる人を「末人《まつじん》」と呼びました。平凡に命をつないで、人生を浪費する人のことです。

その対極が、目的のある人生に命をかける「超人」です。ニーチェは「超人であれ」

と後世に伝えてくれています。

「末人」だらけの今こそ「超人」になれ

じつは現代社会は末人だらけです。でも営業職なら、すぐに超人を目指せます。なぜなら、チャレンジから逃げられないからです。

人は教育ではなく、逆境と競争で成長します。

経営者や個人事業主の中でも、営業職あがりの人に、骨があるのはそのためです。

もし新事業を立ち上げるなら、私は「東大・京大チーム」より「ベテラン営業チーム」を結成するでしょう。営業マンは逆境に強く、勝ちにこだわり、比較から逃げないからです。つちかってきた人脈も役立ちます。

東大・京大チームがどんなに頭がよくて、すごいアイデアがあって、いい商品や集客システムをつくれても、売る力と交渉力がないとビジネスは成功しないのです。

学校教育では実践力は上がりません。日本人のほとんどが、英語の授業を6年以上も受けていますが、日常会話もままならないのがその証拠です。

昔、私が出会ったインドネシアの少年は、12歳くらいで6か国語を話していました。外国人観光客に人形を売るためです。声をかける「つかみ」として、それぞれの国に合わせたジョークまで言っていました。

教育も受けずにそんなことができるのは、観光客に人形を売らないと生活ができないという逆境があるからです。この逆境が「6か国語を独学で話す12歳」という超人をつくりあげました。

一方、日本ではほとんどの人が、日本語を話せたら生きていけます。だから、平凡とゲームを愛する「末人」だらけになっているのです。人の脳は省エネを好むので、自ら逆境に飛び込まない限り、楽なほうへ流されても仕方ありません。

でも、営業の道を選んだあなたは違います。ラッキーなことに、すでに少年と同じ「超人」ルートに乗っているからです。もう「末人」に戻らないよう、一歩一歩、逆境を乗り越えていきましょう。

あれから12年。あの少年は、どれほど成長しているのでしょうか。

心得 其の五

SOKKETSU! EIGYODOJO

すべて私の責任です！

成長には大原則があります。

「すべては自己責任」、この捉え方が、トップセールスの絶対条件です。

たとえば、交通事故が起きると、保険会社が過失割合を決定します。ただ、当事者双方が動いていたら、どちらかが100%責任を負うことはまずありません。どれだけ一方が悪くても責任は「9対1」になります。

ビジネスでは、この過失割合の捉え方で、精神的な自立度がわかります。

何かがうまくいかなかったとき、自分が8割悪くても、全部相手のせいにする人もいますし、「9割相手が悪いけど、1割自分が悪かった。だから俺の責任だ」と考えられる人もいます。これが、被害者意識と自己責任意識です。

動画#07 トップセールスの絶対条件。自己責任意識！

人は自己責任意識か被害者意識の、どちらかを強く持っています。

たとえば、私が企業の依頼で研修講師をするとき、会場にいる営業マンに「はい、今からやりましょう」と言うと、彼らの態度は2つに分かれます。

50人中45人くらいは、少し目線を上げる程度で、会社から「受講させられている」という態度です。

残りの5人は、目をキラキラさせて私の一挙一動に注目し、私の言葉に笑顔でハッキリ頷きます。質問があれば、積極的に手を挙げます。これが自己責任意識を持っている約1割の人です。彼らは、たとえ会社が用意した研修でも、「よし、ここで何か得て、営業成績を上げて、会社に貢献しよう」と思っているのです。

「会社に研修を受けさせられている」と思っている被害者意識の45人と、「研修が受けられるなんてラッキーだ」と思っている自己責任意識の5人。どちらが成長するかはわかりますよね。

被害者意識が強い営業マンに未来はない

私は20年近く家庭教師の派遣会社を経営してきて、絶対に成績が伸びない子の共通点がわかりました。それが、被害者意識の強い子です。

「勉強をやらされている」「宿題をやらされている」と思っていたら、どんなに優秀な先生が、最高の教材で懇切《こんせつ》丁寧に教えても、成績は上がりません。

営業マンも同じです。同じ営業研修を受けても、受動的なメンバーは聞き流すだけで、売上は上がりません。一方、能動的なメンバーは、どんどん実践して売上が上がります。

ただ、一緒に研修を受けて、売上が上がる人と上がらない人がいるなら、それは自己責任だと認めるしかありませんよね。

営業現場にいくと、さまざまなお客様がいます。話が通じない厄介な人もいるでしょう。それで契約が取れなければ、確かに相手が悪かったかもしれません。それでも「**自己責任だ**」**と思えるのが、トップセールスに最も近い営業マン**です。

見方を変えれば、「アポインターにアポ設定を任せていた俺の責任だ」「ラポール（信頼関係）を築けなかった私の力不足だ」と考えることもできますよね。こんな人は結局、どんな困難な状況でも切り抜けられます。自力で何とかしてくるのです。

一方、被害者意識の強い営業マンが契約を取れなかったとき、私にこんな感じで結果報告をしてきます。

「いや、訪問先で犬がほえまくって、お客様が集中できなかったみたいで」
「先方のおじいちゃんが体調を崩して、それどころじゃないと言われてしまって」
「5歳の子が僕になついてじゃれてきたので、続きはまた今度になりました」

すべて他者が主語の言い訳ですよね。これが被害者意識です。

100%の自己責任意識がトップセールスをつくる

私は実際に、学習教材の訪問販売をしていたとき、先方のおじいちゃんが倒れて、ご家族が救急車を呼んだことがありました。商談を受けていたお母さんは契約に前向きでしたが、急に「今はちょっと」と言い出しました。

私はすかさず「では、ここに名前だけご記入ください」と、サインを書いていただきました。一応それで契約になるので、ほかの欄は後日、埋めてもらったのです。

めったにないケースですが、商談中におじいちゃんが倒れるのと、お子さんに教育を与えるのは、冷静に考えたら別問題です。その場にほかのご家族もいらっしゃいましたし、この状況でサインをするかしないかの決定権は、100％お母さんにありました。ただ、ここでたった一言「ご記入ください」とも言わずに引き下がる営業マンは、犬がほえても契約が取れなくなっていきます。自己責任意識が弱すぎるからです。

普通だったら「いったん帰って、また再訪しよう」と思うかもしれません。でも、それで契約が取れる確率は10％以下です。今にもサインしそうだったお客様も、数時間で確実に熱が冷めるからです。おじいちゃんが倒れたならなおさらでしょう。

それをわかっていながら訴求しないのは、営業マンとしての責任感不足です。お子さんの教育の機会を、こちらの怠慢《たいまん》で奪ってはいけません。

だから、**即決営業では、個人のお客様相手に即決契約が取れなかった場合は、すべて「アウト」と判定**します。営業マンも「今日を逃すと後がない」と思うからこそ、全力でお客様にぶつかることができるのです。

100％の自己責任意識が、トップセールスをつくります。「よし、俺がやってやる」と覚悟を決めて、どんなときも自分の力で契約に向かっていきましょう。

心得 其の六

SOKKETSU! EIGYODOJO

オイシイ営業人生に変えていけ

自己責任意識のある人は「空気を回す」ことができます。だから営業現場でも、どんどん奇跡を起こすのです。

空気を回すためには、どんなときも自分のいる場に、責任を持って参加しなければなりません。実際、セミナー会場では、講師だけではなく受講生も一緒に空気をつくっていますし、会社では、社長だけではなく従業員も一緒に空気をつくっています。

それに気づいている人は、つねに場の一員として行動するものです。セミナーでは自発的に質問やリアクションをして、会社の行事にも積極的に参加します。

たとえ自分が主要メンバーでなくても、心のどこかに「私がやらないと」という、リーダー意識があるのです。結局、こういう人が場の空気を回します。

つまり、**空気を回す人＝影響力の大きい人です。**

リーダーの話をするとき、私はよく「チェッカーズのフミヤ理論」を用います。

チェッカーズとは、80年代に流行った男性7人組ロックバンドで、若者が服や髪型を真似て、社会現象まで巻き起こしました。

でも、1992年の解散後も芸能界で活躍し続けたのは、ボーカルの藤井フミヤだけ。彼は「リーダー性」が飛び抜けていたので、今でも知名度があります。

営業界でも同じです。最終的には、リーダー性のある人しか生き残れません。

もしあなたが部下を持ったら、必ずこんな人がいます。それは、「売れないのは会社のせい／上司のせい／商品のせい／お客様のせい」と思っている人です。彼らは、上司がしっかり導いてあげないと、典型的なリーダー性のない人になります。

結局、**リーダー性＝自己責任意識**が、成功のカギです。

また、「上司がデキないから、俺もデキない」と思うのも、リーダー性のない人です。

私はいろんな営業会社を渡り歩いてきましたが、正直、自分よりデキると思った上司は、ひとりもいませんでした。私が提案したトークがそのまま採用されたりして、「俺、別にあなたいらんやん」と思うことばかりでした。

でも、私は「こんな上司なら、早く追い抜けるからラッキー！」と捉えていました。

結果、どんどん出世して成功できたのです。

「上司がデキてもデキなくても、俺はデキる」これがリーダーのマインドです。

過去には戻れないけど未来は続く

環境は一切、あなたの都合に合わせてくれません。親に虐待《ぎゃくたい》されたり、持病やハンディキャップがあったり、高校に行かずに働かなければならなかった人もいるでしょう。

それでも容赦なく進んでいく人生を、被害者のまま進むか、前を向くかの二択です。

同じ学校で同じ先生に学んでも、「大人がわかってくれない」と学校中の窓ガラスを割って歩く子もいれば、前を向いて東大に行く子もいます。

営業マンも「マーケットが悪い／業界が悪い／時代が悪い／不況が悪い」と嘆いてばかりの人もいれば、黙ってガンガン稼ぎ続ける人もいます。

大事なのは過去ではありません。未来に向かって今からどう動くかを考えてください。

私も20年前から散々、「訪販業界はもう終わった」と言われてきました。それを信じて、たくさんの人が業界を離れていきました。

でも、私は訪販の会社で18年間、しっかり利益を上げ続けていますし、これからも継続していきます。終わったか終わっていないかは、私が決めることだからです。

成功者に聞くと「こんなオイシイ世の中はない。この時代に生まれてよかった。世界は思い通りだ」と言います。一方、被害者意識の人々は「こんな世の中でうまくいくはずがない」と言います。でも必ず、うまくいっている人はいるのです。

被害者意識で見ると世界は真っ暗。自己責任意識で見ると世界は輝いている、ただそれだけのことです。

何事も「うまくいくはずがない」と言う被害者意識の人は、重い石を抱えたまま過去を見つめて、後ろ向きに立っています。だから前に進めません。

もし、あなたが当てはまるなら、自分に「大変だったんだね。だから悲観的なんだね。でも、まず荷物を手放そう」と言って、過去の重荷を下に置いてください。

そして、「もう後ろを向かずに前を向こう。過去には戻れないけど未来は続くから」と、一歩を踏み出してみましょう。この瞬間、人生はあなたの思い通りになります。

後ろ向きのままでは、自分が損をするだけです。

「ネバーエンディングストーリー」という映画で、主人公はいじめっ子に追われてある古本屋に逃げ込み、そこで手に入れた一冊の本の世界に入り込んでいきます。その世界は崩壊の危機に瀕していて、復活のカギが「人間の子ども」、つまり主人公だったのです。

主人公は女王から、崩壊した世界の最後の1粒を渡され、好きな願い事をするように言われます。「この世界はきみの思い通りになるから」と。すると、主人公が願った通りに、またバーッと新しい世界が広がっていくのです。あなたにも、きっとできます！

自己責任意識が、オイシイ営業人生の第一歩

私が営業をはじめたころ、あのトンデモ本部長のYさんも、54支店をつないだ全国放送でこう言っていました。

「はい、水曜日、朝礼ね。みなさーん、今日も気軽に契約を取ってきてくださーい。たかだか100万円の教材契約です。**あなたが重く考えるから、相手も重く考えます。**どうですか？

じゃあ、訪問先のお母さんに聞いてみてください。
『お母さん、たかだか月々3万円の塾入会、迷いますか？　考えますって言いますか？　すぐ入りますよね、気軽に。ウチも48回まで分割払いできますので、36回払いにしたら月々3万円台です。それでね、この教材買えちゃうんです』と、あなたが気軽におススメしてみてください。そうすると、相手も気軽に契約してくれます。だから、重たく考えない。『営業しんどい』『テレアポしんどい』って考えるから人生しんどくなって、世の中が暗く見えるんです。あなたの考え方、捉え方次第。**事実はひとつ。解釈は無数。**どう捉えるかなんですね、物事は。なので、今日も水曜日、空を見てください。お日様がニコニコ照ってます。今日もご機嫌に、気軽に、契約を取ってきてくださーい」

そのとき、私も「あーなるほど。人生って思い通りになるんだ」と理解しました。というか、すでに思い通りになっているのです。

あなたも毎朝、こんな自由な世界をイメージして、人生をつくり変えてみてはいかがでしょうか。自己責任意識が、オイシイ営業人生の第一歩です。

心得 其の七

SOKKETSU! EIGYODOJO

親も上司も部下も等身大で見よ

みんな自分の親を恨んでいるそうです。普通に育った人でも。

それは、親が最初に制限を課すからです。子どものころ、「あれしちゃダメ」「これしちゃダメ」と言われたことのない人はいないでしょう。

人は、親を「ただの人」として等身大で見たときに、自立します。それまでは心のどこかで「親はスーパーマン」だと思っているのです。昔は何でも知っていて、幼いあなたに何でも教えてくれた人ですから。

でも、20歳や25歳になると、子どもが内面的に親を追い越すこともよくあります。厄介なことに年の差は縮まらないので、お互いそれに気づきません。

私の母は会計事務所に勤めていました。そこで、私が29歳で会社を立ち上げたとき、

動画#08 理不尽は己の未熟さから来る！

経理担当で母を雇うことにしたのです。すると、さまざまなトラブルが起こりました。

たとえば、郵便物が届くと、母から私に電話がかかってきます。

「これ何なん？　ＮＴＴから届いているこの紙」

「何なん、って、何て書いてある？」

「〇〇のお知らせ」

「封筒開けたら、電話番号書いてあるか？」

「書いてある」

「そこに電話して、何の書類か聞け！」

こちらは忙しいのに、こんなレベルで、ストレスを私にぶつけてくるんです。

ほかにも戸籍謄本《とうほん》を取りに行かせたら、4時間くらいかかったこともありました。私なら車で、15分で行けるのに。

わざわざ電車で移動して、間違えて取ってきて、取り直しに行ったりするからです。

謄本1枚で4時間って「どれだけ人件費かかるん？」ですよね。

もう毎日のように、私はすごく驚いたんです。「え、お母さん、なんでこんなに仕事ができへんの?」「いややや、俺のお母さんでしょ!」って。

結局「親も自分事」である

でも、あるとき、ついに気づきました。「あ、俺、間違ってたわ」って。

私は22歳から29歳まで、いろんな営業会社を渡り歩き、ずっとトップセールスを張って、いろんな支店でマネージャーとしてもやってきた人間です。でも母は、普通の主婦で事務員です。そりゃ私のほうが、仕事はできて当然だなと目が覚めました。

もし、母ではない事務員を雇っていたら、余計な期待をせず、もっと丁寧に仕事を教えていたと思います。失敗しても、いちいちブチ切れなかったでしょう。

なのに、自分の親となると、それを見失ってしまうのです。いつまでも「両親はスーパーマン」というイメージがあるせいで。

結局、**相手に腹が立つのは、その人を当てにしているからです。**

父と母は、私が小2のときに離婚しました。そのとき父が「龍介、お父さんは出ていくから。もう会うことはないと思うけど」みたいなことを言って、「えーイヤや、お父さん、ウワーン！」と泣いた記憶があります。

その後、家の事情で小学校も3回転校して、小6のとき「僕が新しいお父さんだよ」と、母の再婚相手がやって来ました。

急に名字も変わるし、私はすごくイヤだったので、おばあちゃんにこう聞いたのです。

「おばあちゃん、俺、新しいお父さんいらんって言ったのに。イヤやって言ったのに、なんでお母さん再婚したん？」

おばあちゃんは、キッパリ一言。

「それが、お母さんの人生や」

私は「ああそうなんだ、親も自分事なんだ」と、子どもながらに少し悟りました。

「理想の上司像」がある時点で依存している

こんなケース、世の中にいっぱいありますよね。他人の親が離婚しても何とも思わないのに、自分の親だったら傷つきます。

面倒なのは、この親への期待を、そのまま他者に投影してしまう場合です。

たとえば、人間的に少しおかしい上司がいたとしましょう。それにブツブツ文句を言うのも、自分勝手な期待です。上司としては、部下の都合で性格を変える筋合いなどありません。

そもそも、人間的に少しおかしい人なんて、世の中にいっぱいいます。なのに「上司が変わるべきだ」と怒ってしまうなら、無意識に両親に当てはめているのです。冷静に考えたら、ダメ上司のほうが、自分が出世しやすいのに。

じつは「理想の上司像」がある時点で依存です。上司は人格者でも、自分を育ててくれる人でもありません。等身大で見たら、近所のオジちゃんオバちゃん、街中のギャルやチャラ男と一緒です。ですから、「アイツがああだ、こうだ」と悩んで、営業活動に向けるべきエネルギーを浪費するのはやめましょう。


依存から期待が生まれ、期待から被害者意識が生まれます。

さらに被害者意識が強いと、人生のコントロール感を失います。

すると結局、人生に満足できず、不幸になっていくのです。

でも、しっかり自立して自己責任意識を持てば、世界の見え方が変わります。

これからは、どんな仕事も「やらされている」ではなく、「わかりました、やります」と、能動的になりましょう。すると、すべてを自分で動かす責任を負うので、「じゃあ、これはどうなるんですか？　その代わりにこうしてください」と、プッシュ型の言動に変わっていきます。これが営業マンの成功に欠かせないスキルです。

リーダー性と交渉力がつき、誰が見ても「しっかりした人だな」とわかるので、お客様にも信頼されるでしょう。相手次第の人生では、何も手に入りません。

よく、こんな人がいますよね。

「あの人がつき合ってって言うから、つき合ったのよ」

「彼が愛してくれるから幸せなの」

「上司に言われたからやっただけです」

では、あの人が愛してくれなくなったら、あなたは不幸になるのでしょうか。これがコントロールを放棄した、相手次第の人生です。

営業マンに、依存も期待も被害者意識もいりません。ただ前を向いて、自分の人生を歩んでいきましょう。

心得 其の八

SOKKETSU! EIGYODOJO

すべての権利は奪い取れ！

私が新入社員に、徹底的にたたき込むことがあります。それは「権利は勝ち取るもの」ということです。あなたも、こう思ったことはないでしょうか。

「会社に私の努力をわかってもらえない」

「職場で正当に評価されていない」

「上司に意見を取り合ってもらえない」

これらは一言でいえば、「私は尊重されていない」ということです。なぜそうなってしまうのか、明確な原因があります。それは「数字」で会社に貢献していないことです。

たとえば、営業部で即戦力を目指すあなたなら、売上という数字で会社に貢献できます。事務員は、業務の効率化を編み出せば、経費削減という数字で会社に貢献できます。

新しいシステムを構築して、1週間かかっていた入力が3日でできる、10人でやっていた仕事が5人でできるとなったら、それは立派な数字の貢献ですよね。きちんとデータ化して、会社に示せば尊重されるでしょう。

多くの人はそれを示しもせずに、「こんなに貢献したのに、会社が気づいてくれない」と思っています。でも、事務仕事で尊重されるには、自ら貢献を数値化して証明しなければなりません。

その点、営業マンの貢献は、最初から売上という数字で証明されます。シンプルに、社員の主観的な努力は、会社にとって貢献ではないのです。

売上を上げれば尊重されて、売上を上げなければ尊重されません。

会社に尊重されてはじめて、報酬アップなどの権利を勝ち取ることができます。

営業の仕事は結局すべて自己責任

私たちには「3つの教育」が与えられます。

①家庭からの教育
②学校からの教育
③社会からの教育

じつは③の社会からの教育が、人格に強い影響を及ぼします。①と②を覆すインパクトがあるほどです。なぜなら、貢献しないと尊重されない世界だからです。
①の家庭では、貢献しない人も愛や関心がもらえます。②の学校では、勉強や容姿やスポーツなど、何かに秀でていれば愛や関心がもらえます。
でも、③の社会に出ると、貢献していない人は組織や社会で見向きもされなくなります。だからこそ、成果に向き合おうとするわけです。努力しても成果が出なければ、劣等感に向き合わなければなりません。こうして人は社会で成長していきます。

残念ながら今の世の中では、貢献していない人ほど「権利、権利」とわめいて、SNSを使って何もかも炎上させます。VIPではない人ほどVIP扱いされたがり、人の権利をむしり取ろうとします。被害者意識のクレクレちゃんですね。
でも、社会は家庭ではありません。「権利を与えられたら貢献しよう」と思っているうちは、まだ学校にいる子どものままなのです。

「貢献して権利を勝ち取る」

これがすべての道を切り開く思考です。VIPになれば、イヤでもVIP扱いされますから、先に成果を出しましょう。

この心構えで、ほかの新人営業とはスタート地点から差がつきます。

ただし、貢献度が「普通」だと尊重されません。ほかの営業マンが月平均２００万円の売上を上げる会社にいて、自分は寝る間も惜しんで２００万円の売上を上げたとしましょう。これって普通ですよね。「私、こんなにがんばっているのに」は、社会では一切、通用しません。社会は客観的に数値で判断します。


私はよく部下に**「理不尽は己の未熟さから来る」**と言います。

これが腑《ふ》に落ちた人は、納得できないことがあってもいちいち文句を言わず、自分の頭で考えて乗り越えていきます。だから、どこで働いても、やり切る力があるのです。

たとえば、成功しないダイエットはありません。１日の基礎代謝より摂取カロリーが少なければ、理論的には痩せていきます。太るのは、それ以上のものを食べたから。「10日間がんばったからケーキを食べよう」など、どこかで計画を狂わせているはずです。

成功しない貯金もありません。月１万円貯めたら年12万円、月10万円なら年１２０万円になると決まっています。それを「ちょっと今日はパチンコでも」などと貯金しない月があるから、目標達成できないわけです。こうして未熟さが理不尽を生みます。

営業の仕事も、いろんな事情があっても結局はすべて自己責任。この、売れるために必須のマインドを、最初にたたき込んでくれるのがいい上司です。

ほとんどの会社では、何か問題が起きてから「お前は甘い」などとガミガミ言われはじめます。でも、それは単なる後出しジャンケン。言われた側は納得できません。先にルールを示しもせずに、「社会人のルールを破るな」と怒り出すのはダメ上司です。

先手必勝の考え方が、売れる営業マンのベース

私は、部下への説教は平常時にします。戦いは、戦う前からはじまっているのです。

あなたもマネージャーになったら、社会経験が浅い部下は「どうせ理不尽をこく」と予想していなければなりません。その上で言うべきことを、先手必勝で言っておくのです。新人歓迎会でお好み焼きでも食べながら、「ウチの会社では自己責任意識が大切です。数字で貢献した人は、ちゃんと尊重されますよ」と、しっかり教えてあげましょう。

ここで部下教育の話を出したのは、先手必勝の考え方が、売れる営業マンのベースに

もなるからです。お客様も必ず、契約の土壇場で理不尽をこきます。どうせ「お金がどうの」「主人がどうの」「即決契約はどうの」とか言い出すのです。

そこで非常事態だと慌てるのは、売れない営業マンだけ。

売れる営業マンは最初から「どうせ、こう言うんでしょ」と余裕でわかっています。だからアポ設定やアプローチの段階、つまり平常時にあれこれ釘をさしておくのです。

「もしスタートされる場合は、月々3万円くらいかかりますけど、大丈夫ですよね」
「精一杯お伝えさせていただきますので、ご主人も一緒にお聞きくださいね」
「体験してみて、やり方が合わなければ断っていただいても構いません。もし気に入ったらぜひご入会くださいね」

このように、先にルールを提示して「はい」と言わせておきます。お客様があとから理不尽をこくのを牽制《けんせい》するためです。

商談には商談の、会社には会社の、社会には社会のルールがあります。まずはルールを明確にして、貢献を数字で示し、堂々と権利を勝ち取っていきましょう。

心得 其の九

SOKKETSU! EIGYODOJO

やめて、やめて、やめまくれ！

四段では、営業マンとしての自分との向き合い方、社内でのあり方をお伝えしてきました。ここでは、さらに具体的に、営業マンが成功し続けるためにやったほうがいい行動……ではなく「やめたほうがいい行動」をお伝えしていきます。

なぜなら、継続的な目標達成には「何かをする」よりも「やめる」ほうが、はるかに効率的だからです。たとえばダイエット。太るものを食べないほうが、食べて運動するより楽に早く痩せられますよね。では、営業マンは何からやめればいいのでしょうか。

そこで私は、20年以上営業で成功しているメンバーと話し合い、営業マンが「やめてよかった行動」トップ5を決定しました！

①一喜一憂する
②他人の不幸を願う
③二次会に行く
④自分以外に期待する
⑤わからないことを放置する

以下、解説していきます。

①一喜一憂する

私が多くの営業マンを育ててきて、意外と続かなかったのが、ひとつひとつの結果に「やりましたー！」などと一喜一憂する営業マンです。なぜなら、心の波が数字の波としてハッキリ出るからです。こういうタイプは落ち込みも激しく、浮き沈みとともに感情エネルギーを浪費します。そして結局、自分が疲れて辞めてしまうのです。

一方、**淡々とやるべきことをこなす営業マンは、意外と長続きします。**

「野球の神様」と言われるベーブ・ルースも、ホームランを打とうが三振だろうが、表情を変えなかったそうです。彼は自分の実績を分析して、「三振を3回したら次はホームランだ。ホームランの次は三振だ」と、総合的に状況を見ていたのです。

だから、一喜一憂する必要はないとわかっていたのですね。

営業は毎月のノルマはありますが、結局は1年勝負です。瞬間的に喜び、悔しがることはあっても、さっと平常心を取り戻しましょう。でないと、ライバルにも出し抜かれます。一喜一憂グセを直し、その熱量を「即決ソウル」に変えてみてください。

②他人の不幸を願う

「脳が現実をつくる」と聞いたことがあるでしょうか。科学的にも証明されてきていますが、脳は強く願ったことを引き寄せる力があります。ただ、その最大の注意点が「脳は主語を認識しない」こと。つまり、願い事のすべての主語は「自分」に変換されます。

たとえば、嫌いな営業マンに「失敗しろ〜」と願ったら、自分の失敗を願ったことになります。だから、ゴルフ界のスーパースター、タイガー・ウッズは、ライバルがボールを打つときも「入れー!」と全力で願っていたのですね。脳にとっては、自分の成功を願うのと同じだからです。

あなたも人の不幸を願うのは一切やめて、**人の幸せをともに喜び、成功を応援してみましょう。**それは自分に対して「おめでとう、すごいね、きっと次もうまくいくよ」と、願っているのと同じです。結果、モチベーションも上がっていきます。

③二次会に行く

即決営業のトップトレーナーはこう言います。「二次会には行かない。一次会を全力で楽しむ」と。あまりお酒を飲まない私も、それを聞いて「さすがだな」と思いました。

二次会に行かないほうがいい理由は、失うもののほうが断然多いからです。お金、時間、健康はもちろんですが、**営業マンとして最も深刻なのが、翌日の営業パフォーマンスの低下**です。この積み重ねが、何よりもマイナスになります。

お酒好きの社会人なら、飲み屋から出て朝陽を見てしまったときの絶望感を経験したことがあると思います。二日酔いで出社しても気分は最悪、昼休みを待つばかりで仕事にならないでしょう。そんな状態でお客様に接してはいけません。たとえ電話でも。

ですから、惰性で二次会に行くのはやめて、一次会が終わったらさっと帰りましょう。

酒癖の悪いダメ上司に「つき合いが悪い」と言われても、営業で結果を出して見返せばいいのです。新規開拓狙いの交流も、一次会で十分。接待する側ならともかく、深酔いすると記憶が飛んでしまう人も多いので、二次会で実のある話はできません。

④自分以外に期待する

「期待は裏切られるもの」と言いますが、じつは裏切られているわけではありません。ものごとや人に対して、自分が都合のいい解釈をしているだけです。

「このお客様はきっと契約してくれるだろう」「上司が助けてくれるだろう」「明日は晴れそうだ」などと勝手に期待するから、思い通りにならない度にガッカリします。自分以外への期待が叶うのが、たまたまラッキーなのです。

お客様も上司も天気も、親でさえ、あなたのために存在しているのではありません。それを認め、最初から「このお客様を私が契約させよう」「自分で何とかできるはずだ」「雨でも楽しめるように準備しよう」と思っておけばいいのです。

他人と過去は変えられません。変えられるのは自分と未来だけ。

余計な負の感情はストレスでしかないので、自分だけに期待しましょう。

⑤わからないことを放置する

いつまでも伸びない人の共通点は、わからないことを放置する人です。

小学3年生で分数の概念が理解できないまま先に進むと、小5で分数の足し算・引き算もできず、小6で掛け算・割り算はもっとできませんよね。営業マンも同じです。お客様への切り返し方がわからなければ、すぐにメモして、営業で実際に結果を出している人にわかるまで聞きましょう。それをセリフ化して現場で試し、うまくいかなければまた改善です。聞く人がいなければ、動画や本で調べるか、即決営業スクールに入って講師に質問してください。究極は「今できている人に聞く」これに尽きます。

わからないことを放置して、先に進んでいるつもりになるのはやめましょう。避けて通っても、どんどん「わからない沼」にハマるだけです。

これが20年以上、営業の世界で成功している人が実際にやめたことです。

あなたも新人営業マンのうちに、この5つをやめて、やめて、やめまくれば、これからグングン伸びていきます。成長の障害物が取り除かれ、楽に目標達成できるからです。

心得 其の十

SOKKETSU! EIGYODOJO

「小さな成功体験」を重ねても自信はつかない

四段のラストは、自信についてお伝えします。お客様は自信のある営業マンになびくからです。と言っても、すべてに自信のある完璧な人はいません。営業マンに必要なのは「4つの自信」だけ。これを集中的に磨けば、あなたの売上は上がります。

①商品への自信
②営業職への自信
③会社への自信
④自分への自信

では、どうすれば4つの自信をつけることができるのでしょうか?

そのためには「自信の正体」を知る必要があります。

まず、営業界にはびこっているのが「小さな成功体験を積み重ねる」という真っ赤な嘘です。これだけでは、いつまで経っても自信はつきません。なぜなら、何を成功と捉えるかは人それぞれだからです。

仮に小さなことをたくさん成し遂げても、「もっとああできた、こうできた」「私よりあの人のほうが早くできた」「評価されなかったし、やっぱり私は劣っている」と、こんな思考パターンの人は自信がつきません。むしろ、やればやるほど「私はまだまだだ」と劣等感が高まり、どんどん挑戦できない人になっていきます。

現実には、何事にも上には上がいて、下には下がいます。

でも、上だけ見て下を見ない人は、何をやっても自信を失くしていきます。これが「小さな成功体験を積み重ねる」の落とし穴です。

つまり、自信を持てるかどうかは、ものの見方で決まります。

ハッキリ言って、**自信の正体は単なる「思い込み」なのです。**

ビジネスで成功した社長に「起業するとき不安はなかったですか？」と聞くと、ほとんどの人が「いや、経験はなかったけど、うまくいくと思った」と答えます。「何年も経験を積んで、コツコツ人脈を築き、満を持して独立した」と言う人は少数派で、多くの社長は、根拠のない思い込みから「とにかく俺、独立しよう」と決めて、うまくいったわけです。

この分野で、日本より20年は進んでいると言われるアメリカの調査でも、自信を形成する成分を分析したら「88％が思い込みだった」という結果が出ています。

つまり、自信は、あなたがあると思えばあるし、ないと思えばなくなるものです。

物事のいい面だけを見る練習を

何を成し遂げても「まぐれだ」「これくらいたいしたことない」と思う人は、一生、自信を持てません。逆に、何も成し遂げなくても「私はできる」「私はすごい」と思い込めたら、今すぐ自信を持つことができます。

そのための技術はただひとつ。「物事のいい面だけを見る」ことです。自分と未来は変えられるので、いい面を見る技術を身につけたら、あなたは変われます。

すべての物事には二面性があり、１００％完璧はありません。捉え方によるからです。

モテモテの女性にあこがれる人もいれば、「異性にだらしない」と軽蔑する人もいます。同じ商品でも「安い」と喜ぶ人もいれば、「品質は大丈夫かな」と疑う人もいます。同じ会社にいても「自由な社風」を楽しむ人もいれば、「指揮系統の弱さ」を嘆く人もいます。

ただ、マイナス面ばかりを見て、いいことなどひとつもありません。大事なことは、**いい面を見るか悪い面を見るかは、あなたが自由に選べる**ということです。

これを理解するのが、自信を持つ第一歩。まずは商品、営業職、会社、そして自分のいい面だけを見る練習をしましょう。これはあくまでも技術ですから、慣れれば必ず上達して、4つの自信でお客様をなびかせる営業マンになることができます。

四段昇段おめでとうございます。これであなたは、新人営業の意識から、プロ営業の意識に生まれ変わりました。

キーワードは3つ「即決ソウル」「自己責任意識」「4つの自信」です。これだけそろえば、ほかの営業マンと同じ訴求セリフを言っても、お客様への刺さり方が全然違います。現場でどんどん経験を積み、思い通りに売れる営業マンになっていきましょう。

「新人の十年後」も成功を続けられる絶対法則

五段

Chapter05:
SOKKETSU! EIGYO DOJO

心得 其の一

SOKKETSU! EIGYO DOJO

時代を読んで波に乗れ

今は変化を避けられない時代です。コロナ禍も収束しないうちに世界的な戦争がはじまり、物価は急上昇。気候はいまだかつてないほど不安定で、天災もひっきりなしに起こります。さらに昆虫食やＡＩの普及など、これまでの常識がもう追いつきません。

あなたも、このすさまじいスピード感の中で、いつ何が起こるかわからない緊迫感を感じながら生活しているのではないでしょうか。

このような予測不可能な時代を、４つの単語の頭文字から「ＶＵＣＡ（ブーカ）」と言います。

- Volatility（変動性）
- Uncertainty（不確実性）

・Complexity（複雑性）
・Ambiguity（曖昧性）

ＶＵＣＡの波を乗りこなすために、ぜひとも身につけたいのが「何でも売れる力」です。営業マンはこの力で、どんな変化も追い風にできます。なぜなら、特定の商品に縛られず、時代に合わせた商品をどんどん売れるからです。

たとえば、物価が上がれば節約ノウハウを売ればいいし、コロナ禍ならコロナ関連商品、高齢化社会なら介護ロボット、ＡＩが普及したら、それを使いこなすためのシステムを売ればいいのです。世の中には「いい商品はあるけど売れない」という場はいくらでもあるので、商品には不自由しません。

この切り替えの早さがあれば、営業マンはどこまでも波に乗っていけます。

どんなにネットが発達しても、ＡＩが巧みなキャッチコピーで人の興味を引いても、高額商品を売るのはやっぱり人の力です。

ＡＩに、迷うお客様の背中は押せません。スマホやパソコンの電源を切りさえすれば、誰でもすぐに決断から逃げられるからです。

一方、相手が人なら、お客様は気を遣います。たとえオンライン商談でも、ＡＩと違って、人には感情があるとわかっているからです。

あなたもＺｏｏｍミーティングで、質問の回答に詰まったからといって、いきなり退出したりはしませんよね。よほど相手が失礼なことを言わない限りは。

つまり、営業マンは、対面はもちろん、電話でもオンラインでも、お客様を自分のペースに巻き込めます。これがＡＩとの絶対的な差です。だからこそ、ＡＩ時代も必要とされて稼げるのです。

ただし、営業マンがお客様を契約に導くために、３つのポイントを押さえておかなくてはなりません。

①お伺いは訴求ではない

プレゼンをして「いかがですか？」「どうされますか？」と、お客様にお伺いを立てる営業マンはＡＩを超えられません。なぜなら、お客様に判断を委ねているからです。

営業マンの仕事は、商談の答えを聞くだけではなく、契約まで誘導することです。そのためには「ご契約ください」「ご決断ください」とハッキリ訴求し、お客様にプレッシャーを与える必要があります。お伺いと訴求はまったく異なるので注意しましょう。

②言葉はブーメラン

訴求シーンでは、営業マンの発した言葉が、そのまま返ってきます。

つまり「前向きにご検討ください」「ご判断ください」などと言うと、**お客様は「検討するだけ」「判断するだけ」になります。**営業マンの指示に素直に従うからです。するとと結局、後日返事を許す羽目になり、「やっぱりやめておきます」と言われてしまいます。

営業マンが「ぜひ契約してください」と言うからこそ契約が返ってきますし、「ぜひ私にお任せください」というからこそ契約を任されるのです。言葉はブーメランですから、返してほしい内容を、そのまま訴求するようにしましょう。

③インパルスが人を動かす

お客様がものを買う最大の動機は「インパルス」です。インパルスとは衝動のこと。

つまり、**営業マンが磨くべきは、衝動買いさせる技術**です。

商品に対するインパルスが上がると、お客様の脳が「買っちゃえ」と指令を出すので、あまり買う気がなくても、つい買ってしまいます。ダイエットが難しいのも、「食べちゃダメ」という理性より、食べたい衝動からくる「食べちゃえ」という脳の指令のほうが断然、強いからです。

極端な話、お客様のインパルスさえ上げれば、何でも即決で売れます。これもAIには真似できません。新人営業マンのあなたが、三年後、五年後、十年後も成功し続けるために、今からインパルスの上げ方を学んで実践していきましょう。

VUCA時代の先に、どんな変化が訪れるか誰にもわかりません。だからこそ、商品を売る技術ではなく、人を動かす技術が大切です。時代や商品がどんなに変わっても、人の心理はほぼ変わらないからです。

医師になるには医学を、法律家になるには法学を学びますよね。あなたも、何でも売れる営業マンになるために、心理学と脳科学をしっかり学んでいきましょう。

心得 其の二

SOKKETSU! EIGYO DOJO

インパルスを上げれば何でも売れる

ここからは心理学・脳科学にもとづく、お客様のインパルスを上げる具体的な方法を3つ紹介していきます。すぐ使えますので、毎日の営業活動に取り入れてみましょう。

①IF活用（イメージ）
②比較をつくる（アンカリング）
③訴求する（ピグマリオン効果）

以下、解説していきます。

①ＩＦ活用

これは、「もし」を使ってお客様の脳を操るテクニックです。

脳は想像と現実の区別がつきません。

たとえば、車のショールームでフェラーリを見た人が、美女を乗せて海岸沿いをスイスイ走っているところを妄想すると、脳はすっかりその気になります。現実とはほど遠くても、お客様の気分がどんどんよくなるのです。

そこで、プレゼンの合間にこんな質問を投げかけてみてください。

「当社の商品には、このような効果や特徴があります。買う・買わないは別として……

↓もし○○様がこれを手に入れたらどうなりそうですか？」

↓もしですよ、これを使ったら生活ってどう変化していきますか？」

↓もし売上が2倍になったら、○○様の社内での評価はどうなりそうでしょうか？」

商品を得た未来を想像すればするほど、お客様の脳は商品をもう手に入れた気分になり、インパルスが上がっていきます。すると、脳がお客様に「買っちゃえ」と指令を出してくれるのです。

1時間の商談なら5～10回はIF活用をしてみてください。理性は脳の指令に勝てませんので、買う気がなかったお客様も衝動買いに導けます。これがIF活用の効果です。

②比較をつくる（アンカリング）

これはインパルスを「下げない」ためのテクニックです。

お客様のインパルスは、料金を聞いた途端、一気に下がります。いくら商品の価値を伝え切っても、お金の話になると理性が戻ってきて、「あ～、やっぱりそんなにかかるんだ」と思ってしまうのです。そこで、いかに下げ幅を小さくするかが重要になります。

わかりやすく、「インパルスが100を超えたらお客様が買う」とイメージしてみましょう。プレゼンでせっかく120まで到達したのに、料金を伝えた途端70になったら、このあとクロージングをかけても商品は売れません。商談の終盤からインパルスを30も上げて、100に戻すのは至難の業《わざ》だからです。

でも、料金を伝えて１２０から１１０に下がったとしても、結果的に１００を超えていれば商品は売れます。結局、下げ幅が50だったか10だったかの差です。

そこで、料金説明に比較をつくるテクニックが有効です。

じつは、**人は最後に記憶した金額を比較対象にします**。

つまり、お客様が商談の直前にテレビで、芸能人の豪邸に３０００万円のフェラーリがあるのを見ていたら、その「３０００万円」が料金比較の基準になります。

でも、その後、コンビニに菓子パンを買いに行ったら、その「２４０円」が基準になってしまうのです。

では、売りたい商品が１００万円だったとしましょう。

フェラーリが基準だったお客様は、１００万円と聞いても「３０００万円よりは安い」と無意識に思うので、インパルスはそんなに下がりません。

でも、菓子パンが基準だったお客様は「２４０円に比べて高すぎる」と感じ、インパルスがガクンと下がります。

この心理現象を「アンカリング」と言います。アンカー（船の錨《いかり》）という先行する数値によって、後の数値に対する判断が歪められて、意思決定が左右されることです。船が錨で係留されているイメージですね。

ただ、お客様が「たまたま」商談直前に見たものにアンカーを委ねていては、営業成績は安定しません。そこで、売れる営業マンは、アンカーを決して運任せにせずに、料金説明の直前に自ら提示します。効果的なのがこの3つです。

A　類似商品の他社料金

B　相場

C　過去の自社料金

まず、具体的なAの他社料金が使えたらベストで、このようなトークになります。

> A「事実として、こういった商品を〇〇社さんで購入されると120万円です。それが当社では、この資料をご覧ください。100万円でご提供しております」

コンプライアンス的に他社の実名を出せない場合は、Bの相場を使いましょう。

B「こういった商品の相場は、だいたい120万円くらいするのが一般的です。それに対して当社は、みなさん喜んでくださる理由がこちらです。なんと100万円でご提供できるようになっております」

他社や相場より商品が高い場合のみ、Cの開発時や初期の自社料金を使ってください。

C1「じつはこちらの商品、開発段階では120万円で販売する予定だったんですよ。ただ企業努力を重ねに重ねまして、こちらをご覧ください。なんと今は100万円でご提供できるようになっているんです」

C2「当初は120万円で販売していたんですが、その金額でも多くのお客様に喜んでいただいて増産できるようになりましたので、今では100万円でご提供できるようになったんですよ」

A、B、Cのどれかを使えば、これ以前にお客様がどんな料金を見ていようが、確実に120万円がアンカーになるので、インパルスの低下をぐっと抑えることができます。

③訴求する（ピグマリオン効果）

インパルスを高める決め手は訴求です。「これでご契約ください」「これで決めてください」「私に任せてください」と、このように**「○○してください」と、お客様にハッキリ要求するのが、衝動買いの絶対条件**だと思っておいてください。

訴求でお客様のインパルスが上がるのは、人は明確に期待されたら、イヤでもそれに応えようとする心理があるからです。これを「ピグマリオン効果」と言います。

ピグマリオン効果を実証した実験があります。

その実験では、さまざまな世代をA・Bグループに分けて、同じテストを実施しました。ただし、Aグループにはテストの日程だけ伝えます。Bグループには日程と、「私はみなさんに○○点以上の点数を取ってほしい。どうせなら100点を目指してください。それを期待しています」と率直に伝えます。

結果、Ａ・Ｂグループの点数には明確な差が出ました。１００点満点のテストで、期待を伝えられたＢグループの平均点が、Ａグループより27点も高かったのです。全世代で同様の結果でした。Ａが60点とだしたら、Ｂは87点。すごい差ですよね。

つまり、人は期待されるだけで、それに応えようとします。

その期待を、最もダイレクトに伝えるのが訴求です。だから、訴求でインパルスが上がるのです。

心の中で期待して見守っていても、お客様には何も伝わらないので注意しましょう。

以上、商談で①②③のポイントを実践すれば、お客様のインパルスを下げずに、積み上げることができます。結果、衝動買いスイッチが入って「つい買っちゃう」状態になっていくのです。

これが何でも売れる営業マンの秘密です。

心得 其の三

SOKKETSU! EIGYO DOJO

商売の命綱をつけておけ

動画#09 これが弱い個人事業主は滅びる!

今はフリーランスや個人事業主が乱立する、ビジネス・サバイバルの時代です。ユーチューバーや心理カウンセラー、資格を取って独立を目指す士業の方々も、ますます増えています。社労士や行政書士、中小企業診断士など専門もさまざまです。

背景としては、費用をかけずに個人でネット集客ができるようになったのが大きいでしょう。イラストや動画編集などの技術を売り買いするサイトも、多数存在します。

私は新人営業マンのあなたにも、副業・独立・起業を、つねに視野に入れておいてほしいと思っています。その心構えで、日々の営業活動のモチベーションが上がり、成長もぐんぐん加速するからです。

じつは営業マンは、ビジネス・サバイバルに最も有利な職業です。

なぜなら**「売る力」という、商売共通の命綱が手に入る**からです。

たとえば、資格を取った士業の方々は、商売の「商」、つまり商品・サービスの部分は身についています。みんな売りたい商品があるから、独立しようと思うわけです。でも、商売の「売」の部分はどうでしょう。営業を学んでいない人は、お客様の背中を押して売る技術を知りません。

すると、ネットでコツコツ知名度を上げて問い合わせがあっても、商品説明だけで終わってしまいます。だから、お客様が安いところや宣伝力のある企業に流れて、儲からないのです。

弁護士でも、売る力が弱いと全然稼げません。年収1000万円を超えていない人もザラです。歯医者でも、技術が高いところより売りが強いところが儲かります。

つまり、私が個人事業主やフリーランスの方々に言いたいのは**「売りが弱いものは負ける」**ということです。商品がいいだけでは、顧客の争奪戦に勝てません。一般人が独立して、高単価商品やサービスを提供するなら、「売る力」で勝負するしかないのです。

コロナ前のデータですが、国税庁の統計情報によると、個人事業主の平均年収は384万円、平均手取り額は264万円です。

と言ってもこれは、何千万円も稼いでいる人も含みますので、年収の中央値を見ると約241万円です。また、個人事業主で最も多い年収（最頻値）は135万円〜185万円。税金や年金、保険料などを支払うと、手取りはさらに少なくなります。

生き残る中小企業が持つ3つの特徴とは？

この現状で個人事業主が上り詰めていくには、最重要事項があります。それが、**販売ルートの確保**です。

諸説ありますが、中小企業は起業3年以内に約60％、10年で約95％が倒産します。その代表格が、技術を売るスキル系の会社です。法人化してもこれだけ倒産するのですから、個人事業主はもっと深刻でしょう。

では、中小企業で生き残るわずか5％には、どのような要素があるのでしょうか？

突き詰めると、3つの特徴があります。

①営業ができる社長の会社
②二代目・三代目社長
③元会社からの引き継ぎ

①の会社が生き残れるのは、社長自ら販売ルートを開拓できるからです。訪販やテレアポで自ら商品を売りさばけるので、一人会社からはじめることもできます。

じつは私も起業5年目くらいに、会社が危なくなったことがあります。法改正の影響で信販が使えなくなり、ガクンと業績が落ちました。典型的なワンマン社長だったので、それをきっかけにスタッフの猛反発を受け、50人の前で土下座する羽目になったのです。

ただ、営業力には絶対の自信がありましたから、どん底の時期も「自分で売れば何とかなる」というのが救いでした。スタッフを入れ替え、実際に会社もV字回復しました。

社長の営業力はビジネスの命綱になります。

②の会社が生き残れるのは、先代がすでに販売ルートを確保しているからです。

私の知人も、大阪ミナミの宗右衛門町で寿司屋をやっていますが、親の代から質のいい常連客がついていて有名デパートにも出店しているので、お寿司を握れば売れる流れができあがっています。

ちなみに最も長続きする会社は、不動産管理業だそうです。先代からビルなどを借り手ごと受け継ぐため、毎月安定して大きなお金が入ってくるからです。

③の会社が生き残れるのは、のれん分けのような形で、顧客を持って独立するからです。料亭や美容師やＳＥなどによくありますね。もともと自分についていた顧客を、元会社の了承を得て引き継ぎます。すでに信頼もあり、良質な顧客から紹介もいただけますので、一から開拓するよりずっと楽で確実です。

ちなみに、私も29歳で独立したときは、15人ほどデキる営業マンを引き抜いて独立しました。彼らが販売ルートをしっかり確保してくれたので、19年後の今も会社が続いているわけです。

営業力は商売の命綱

結局、②と③の条件を満たさずに独立を成功させるには、自分が①の「営業ができる社長」になるしかありません。すると、スタートラインから圧倒的に有利になります。

一方、**独立・起業で失敗する人の多くは回避系**です。「上司と合わない」「仕事が面白くない」「自由がない」など、会社勤めに不満を持って「じゃあ自分でやってみよう」と思うタイプですね。

もし本人に営業力がなければ、この時点で販売ルートが確保されていないと、手遅れになります。

営業力は商売の命綱です。このＶＵＣＡ時代に、どんな勤め先も永遠にあるとは限りません。

だからこそ新人のうちから独立・起業を視野に入れ、新規開拓力と、何でも売れる営業力を身につけていきましょう。この心構えが、あなたを一躍トップセールスへと押し上げてくれるはずです。

心得 其の四

SOKKETSU! EIGYO DOJO

お客様に見えない「専門性」で戦うな

どんなにすぐれたサービスも、素人にはわかりません。だからこそ、販売ルートをつくるには、商品の専門性よりも、お客様への具体的な効果を示す必要があります。

たとえば、ピアニストが10人並んで同じ曲を弾いても、一般の人には誰が一番上手かわかりませんよね。ビジネスの世界も同じです。私が会計士を雇うとして、候補者たちと1時間ずつ面接したところで、誰が一番、会計スキルが高いかはわかりません。

そこで私が雇うのは、「私を雇えばあなたの会社がいかに得をするか」を、具体的にアピールできる会計士です。経歴や能力自慢を、素人が聞いても時間のムダ。**買い手の関心事はただひとつ、「私に何を与えてくれるか」だけです。**

当社の即決営業研修は、受講生にとっては受けてみるまで「何が得られるか」がわからないものです。実践して結果が出てはじめて、「あー本物だったな。受けてよかった」と納得してくれるのです。

だからこそ、即決営業では、無料セミナーやお試し研修で、見込客に「何が得られそうか」を先に体感していただけるようにしています。YouTubeやメルマガで、営業ノウハウを発信し続けているのもそのためです。おかげで「YouTubeの内容を実践して成果が上がったから」と、研修に申し込まれるお客様も大勢いらっしゃいます。

加えてHPには、受講生の感想を実名・顔写真入りで掲載しています。受講後に録画したインタビューを文字起こしして、許可をとって載せているものです。これも「何が得られるか」という信憑性の高い情報を、見込客に伝えるためにおこなっています。

このように販売ルートの開拓には、「いかに私のスキルが高いか」「商品のクオリティが高いか」ではなく、**「いかにあなたに効果が出るか」**を提示していかなければなりません。お客様は得られそうな効果に対する先行投資で、高額商品を買うからです。

とくに、効果が目に見えないセミナーやスキル系の商材は、伝え方に工夫が必要です。ダイエット商材なら、映像で本人のビフォーアフターのイメージを見せたり、車や電化製品などの有形商材なら、ショールームで本人に試してもらったりすればいいでしょう。素人にわかるように効果を示して興味を引くのも、「売る力」の一種です。

お客様を動かす「人たらし営業マン」を目指せ

ここまでが第一段階です。具体的な効果を示しただけでは、高額商品は売れません。

「私の役に立つ商品だ」と理解しても、お客様の財布の紐は固いのです。

そこで、ここからが第二段階、営業マンの腕の見せどころ。商品に興味がわいた見込客をデスマッチに持ち込み、自信を持って訴求して背中を押さなければなりません。

残念ながら、営業経験のないほとんどの個人事業主は、効果的なクロージングができず商売に失敗します。三段でお伝えしたように「買い手の正義」が抜けないからです。ビジネスは「商売」と書きますが、商品のクオリティにとらわれて「売り」をおろそかにするのは間違いです。**売りが先で商品磨きは後**くらいに思っておきましょう。

売る力がある個人事業主は、ごく普通の商品で成功できます。でも、売る力がないと、どんなに専門性の高い商品でも成功できず、95%は生き残れないのです。

じつは私は、まだ「即決営業研修」というコンテンツが確立していないときから、自分が講師になって営業研修をどんどん売っていました。料金を提示して、時間や内容はお客様と話し合って決めていたのです。

「即決営業メソッド」というノウハウは自分の中にありましたので、売りながら顧客のニーズをつかみ、試行錯誤を重ねて今の即決営業研修ができあがったわけです。

売る力があれば、商品は流動的でも構いません。完璧な商品づくりにこだわっても、素人のお客様には伝わらず、チャンスを逃していきます。

一方、タイミングよく売って効果が出れば、リピーターがつき紹介契約も得られます。ですから、まず「売る力」を磨いていきましょう。

そもそも、**売れる営業マンは、「商品を売る」ではなく「人に売る」と考えます。**人を攻略できれば、販売ルートも開拓できて、何でも売れるからです。心理学と脳科学にもとづく営業トークを組み立てれば、それが可能になります。

商品の専門性で戦っても、独立・起業は成功しません。あなたも今から将来を見据えて、お客様を動かす「人たらし営業マン」を目指していきましょう。

心得 其の五

SOKKETSU! EIGYO DOJO

弱者は両輪で走れ！

独立・起業には、3つのステップがあります。

①商品力を得る
②営業力を得る
③独立する

負け戦にならないためには、①と②の両輪を備えて、③に進んでください。

よく「私は商品力で勝負したい」という人がいますが、だったら世界一・日本一の商品を用意できるでしょうか？

もし世界一の商品を発明したとしても、半年後には他社に抜かれて、商品の市場価値

はどんどん下がります。これがコモディティ化でしたね。特別な商品が、あっという間にありふれた商品に成り下がるのです。

また、どんなにおいしいハンバーガーを発明しても、マクドナルドの1日の供給量は超えられません。マクドナルドは世界中のすべての拠点で、仕入ルート、販売ルート、配送ルートが確保されているからです。宣伝や接客マニュアルも完璧です。

ですから、ハンバーガーの味だけでマクドナルドを超えても、ビジネスとしては足元にも及ばないのです。

信頼のおける商品を用意することは大切です。ただ、**特定の商品にこだわると、移り変わる時代の中で、かえって自分の足を引っ張る**ことがあります。

最近もコロナの影響で、多くの店が廃業に追い込まれました。でも、それまでの商品をいったん脇において、コロナ関連商品を売った会社は大儲けしました。

たとえば、非接触型のＡＩサーマルカメラ。店頭などで顔を映すだけで体温を測ってくれる、一見スマホのようなタブレットのことです。コロナ以前には見たこともなかったと思います。

発売当初は高額でしたので、代理店としてそれを売っていたらどうでしょうか？50万円で売って30％の手数料が入ってくるとしたら、月に１００台売れば１５００万円ですよね。経営が苦しくなったとき、それをテレアポや飛び込み営業でさっさとおこなっていれば、店を潰さずにコロナ期間を乗り越えられたかもしれません。

ですから、**名作の商品をつくることより、売りにこだわるほうが、ビジネスは安全な**のです。時代に合わせた商品を身軽に選べるからです。

有名なブリヂストンという会社は、昔はわらじを売っていました。でも、ゴム草履が流行ったので、主力商品をゴム草履に変えていきました。いつまでもわらじにこだわっていたら、昔ながらの「わらじ職人」たちとともに、会社が滅びていたでしょう。

個別でコツコツ売っていくほうが現実的

私は20代のはじめごろまで、「関西ウォーカー」という情報誌などのモデルをやっていた時期がありました。もう25年くらい前ですが、当時、カメラがちょうどデジタルとアナログの入れ替わりの時期でした。

でも、カメラマンさんの中には、「俺はアナログ派だ」と言って、ずっとアナログ機器や照明で撮影する人がいました。腕は確かでしたが、やっぱり、そういう人や会社は滅びていきました。時代の波に乗っていないからです。さっさとデジタルに切り替えて、その技術を売り込める人が、淘汰《とうた》されずに残っていきます。

ですから、商売には両輪が必要です。**時代が求める商品に変えながら、売る力でお客様に届けていく**のです。

そもそも私たちのようなミニマム企業は、マクドナルドのような大掛かりなマーケティング戦略は打てません。

たとえば、月に300万円のYouTube広告も、年間なら3600万円です。都内のタクシー約3万台に映像広告（デジタルサイネージ）を設置したら、月に1500万円ほどとなり、年間1億8000万円もかかります。さらにタレントを起用すれば3億円です。こんな広告費、大企業にしか出せませんよね。

だからこそ、営業マンが独立するなら、大規模な商品展開を目指すのではなく、個別でコツコツ売っていくほうが現実的です。逆に、売る力のない個人事業主は、営業セミナーを受けたり、しばらく営業会社に入って一気に営業力をつけたりするのも手です。

ちょっと想像してみてください。あなたが心理カウンセラーでも風水師でも、何かの資格を取ったとき、その前提に「スーパー営業力」があったらどうでしょう。とても心強いはずです。

レストランやバー、スナック経営者になっても、大口の会社の打ち上げなどを自力で取ってこられますし、カレー弁当などをつくって企業に入れ込めるかもしれません。

こうして商品にかかわらず、販売ルートをどんどん広げられるので、ビジネスマンにとって営業力は万能なのです。

何でも売れる営業マンは「弱者の戦略」で勝て

このような局地的な戦い方を、ランチェスター戦略の「弱者の戦略」と言います。つまり、強者以外は広域戦を避け、**ターゲットとの接近戦に持ち込め**ということです。

強者というのは、資本が豊かな最大手企業のことです。資本が100億円くらいあれば、何億円もかけてタレントやインフルエンサーを起用して、全国放送のテレビCMを打てばいいので、広域戦ができます。

それができない会社や個人事業主は、すべて「弱者」だと割り切ってください。弱者が勝つ道は、泥臭い局地戦・接近戦にしかありません。

たとえば、アメリカは世界の絶対的強者ですが、1964年にベトナム戦争に軍事介入したのち、ベトナム軍の抵抗に8年以上苦しめられて撤退しました。

これも、弱者であるベトナム側が、船や戦闘機を使った広域戦を避け、ジャングルの奥地などで「この場所だけでは勝つ」という局地戦を繰り返したからです。この戦争は21年間にわたり、アメリカが関わった戦争で最も長期化したとされています。

何でも売れる営業マンが「弱者の戦略」に徹すれば、独立・起業は成功します。

ですから、もし営業をしぶしぶやっている人がいたら、すごくもったいないのです。お金をしっかり稼ぎながら、夢を叶えられるツールですから！

あなたも本書を活かして営業力を磨きあげ、望む未来を切り拓いていきましょう。

心得 其の六

SOKKETSU! EIGYO DOJO

いざとなったら「オレが売る」

接近戦で生き残るには、絶対に必要なものが2つあります。

１つめが、高額商材です。薄利多売は、人手に余裕があって広域戦ができる大手企業の手法です。個人事業主やミニマム企業は、１度の商談で大きく稼がなければ、時間も体力も資金も続きません。単価の低い商品を扱うなら、１００個や１０００個などのセット販売をベースにしましょう。

たとえば、月収１００万円を目指すには、１万円の商品を毎月１００人に売るより、１００万円の商品を毎月ひとりに売るほうが現実的です。集客の面でも手間の面でも、不可能ではないでしょう。それだけで年収１２００万円になります。

コンサルでも「１回８０００円」など、ちまちました料金設定をせずに、少なくとも１件当たり20万円や30万円の単価で組み立てなければ儲かりません。

1時間8000円の設定にしたければ、8時間×月4回集中コース（25万6000円）などをつくって、回数や時間を増やせばいいのです。さもないと、「毎月毎月、何人集客したら、生活が成り立つのか？」ということになりますから。

ただし、1件のターゲットにつき1度だけ、お試し代わりの安価な集客商品で、効果を体感してもらっても構いません。

「通常1時間8000円ですが、今だけ1000円で1時間のお試しコンサルができますよ。その代わりコンサルの後で、30分ほど商品説明をさせてくださいね」

こんな形で交換条件をさらっと提示し、本命商品を売り込む時間枠を確保しておきましょう。なお、安価な集客商品をフロントエンド商品、高価な本命商品をバックエンド商品と言います。

ここで重要なのが、「お試しを気に入った相手には、必ず**その場でバックエンド商品を売る**」という心構えで臨むこと。フロントエンド商品で効果を体感させつつ、それだけで絶対に満足させないのがコツです。

さらに、バックエンド商品には20万円と50万円と100万円など、いわゆる「松竹梅コース」を用意しておけば、竹のコースが売れやすくなります。3つを並べることで、極端の回避性が働くからです。これを心理学用語で「ゴルディロックス効果」とも言い、一般的には「松2：竹5：梅3」の割合に収束すると言われています。

なぜ成約率8割を目指すのか？

高額商材ともうひとつ、接近戦で生き残るために必要なものがあります。それが、**高額商品を即決で売る営業力**です。フロントエンド商品が気に入ったターゲットに、バックエンド商品を売れなかったらすべては水の泡。それ以前に、1対1のデスマッチに持ち込めず、フロントエンド商品の「食い逃げ」をされても水の泡です。

ハッキリ言って、一度チャンスを逃すと次はありません。ここが接近戦の醍醐味です。せっせとHPをつくって、SNSもコツコツアップし、やっと問い合わせが入って、もしくは地道に電話でアポ設定をして、フロントエンド商品の感触もよく……と、ここまで順調でも、この後あなたが勝負に出て勝てなければ、接近戦の意味はありません。

「全部刈り取る！」くらいの気持ちで、成約率8割を目標にしてください。

なぜ8割なのかと言うと、集団には「2：6：2の法則」が当てはまるからです。これを見込客に当てはめると、「2割は絶対に買わない人、6割はどちらにも転ぶ人、2割は誰が売っても買う人」と考えられます。**わかりやすくお客様のセリフで言えば、「買いません」が2割、「考えます」が6割、「買います」が2割です。**

トップセールスは、どちらにも転ぶ「考えます」の6割を、営業力で刈り取ります。だから、誰が売っても買う2割と合わせて、成約率が8割になるのです。

ターゲットと1対1で戦って勝つのが、弱者の戦略の大前提です。高額商材と、それを即決で売る営業力を兼ね備えれば、独立・起業後の世界は明るいでしょう。

逆に、**売りやすいからと「低単価戦略」を取るのは、自ら地獄に足を突っ込む行為**です。100円のキャラメルで儲かるのは、グリコや森永レベルの規模だから。3000円のオンラインサロンで儲かるのは、インフルエンサー並みの知名度があるからです。

私も即決営業を立ち上げて、研修講師をはじめたときは、実績づくりのために全国の商工会議所を回っていたことがあります。ある仲介業者に登録し、北海道、北陸、首都圏、九州へと、もう何十か所も行きました。でも当時、私がもらっていたのは、数時間のセミナーで交通費プラス3万円です。2年やると5万円に上がりました。

　でも、これをずっとやっている人もいるのです。交流会で一緒になったときに「あ、僕もう15年間やっているんですよ。年間200本くらいやっているので」と、ノリノリでおっしゃっていました。

　私はそれを聞いて正直「ヤバいな……コイツ、完全に低単価ハマってんな」と思いました。口が悪くてすみません。でも、年間100本で500万円、200本でやっと1000万円です。余裕もなく、病気になったらおしまい。そんな生活を続けていて、ツラくないのかなと思いました。


「お金が尽きると、夢は尽きる」。西野亮廣さんの有名なコメントですね。

　あなたも、ここから目を背けてはいけません。**運よく営業マンという、お金を生み出せる職業に就いた**わけです。起業しても「いざとなったらオレが売る」と腹を括れます。

　これからも心・技・体に磨きをかけて、黒帯をギュッと締めていきましょう。

心得　其の七

SOKKETSU! EIGYO DOJO

お客様の「リアルな声」を記録しろ

一営業マンとしても、独立・起業しても、欠かせないのが「お客様の声」です。なぜなら、第三者の感想こそ、商品効果を宣伝するのに最適だからです。

どんなにいい商品でも、それを自社で言ってしまうと、単なる自画自賛。聞き手の心理としては、売り手が褒めれば褒めるほど「なんか嘘くさい」と感じます。

ですから、通販番組などでも商品効果を語るのは、売り手ではなく一ユーザーです。実名・顔出しで「私は70代でも、こんなに軽快に階段を上れます。○○を飲み続けているおかげです！」とか、よくアピールしていますよね。

これを何人ものユーザーがおこなうから、エビデンスとして説得力があるのです。

お客様の声は、集め方にコツがあります。とくにコンサルなどの無形商材の場合、アンケート用紙に文字で書いていただくより、**インタビュー形式にして、その人自身の言葉で感想を語ってもらう**と、つねに新たな発見があるでしょう。

ダイエットや美容系商材なら、ビフォーアフター写真が有効です。もちろん宣伝材料にするには、お客様の許可が必要ですが、相応のプレゼントや値引きなどをしてでも、前後に写真を撮らせていただくよう心がけましょう。

お客様本人が自分のSNSに投稿してくれれば、なおよしです。それを売り手がシェアすれば、最も信憑性が高くなります。

たとえば即決営業では、法人契約時は必ず代表の方に、受講生の感想インタビュー動画を撮影させていただけるように交渉しています。受講の1か月後くらいにひとりずつお時間を取っていただき、実名・顔出しでのHP掲載許可も得るのです。

インタビューがあるとあらかじめわかっていたら、「いい報告がしたい」「それまでに結果を出すぞ」など、受講生の動機づけになる場合も多いので、一石二鳥になります。

「お客様の声」の効果的な使い方とは?

お客様の声の使い道は、多岐にわたります。

①広告宣伝
②社内共有
③営業トーク
④商品の改良
⑤クレーム予防

①広告宣伝は、ＨＰやＳＮＳに「お客様の声」を掲載して、商品効果の信憑性を高めることです。掲載するお客様の層が幅広ければ、「私もこうなれるかも」と思う人が増えるでしょう。

②お客様のポジティブな声を社内共有すると、営業チームの「商品への自信」が高まり、「売ってお客様の役に立とう」というモチベーションが上がります。

③さらに、それを営業トークに入れ込むと、トークの説得力が爆上がりします。この手法を、即決営業メソッドでは「カギカッコ」と呼んでいます。たとえば、クロージングの場面でお客様の背中を押すのに効果的です。

「先月ご契約いただいたシングルマザーのお客様も、『こんなに快適になるなら、もっと早く買えばよかった』と、昨日の電話でおっしゃっていました」

「今日も朝から『受講後1週間で、4商談4成約が取れたんです！』と、喜びのお声をいただいております」

「『即決営業さんって、ここまでアフターフォローしてくれるんだ』と、みなさん驚かれます。ですから、〇〇様も安心してお任せください」

④役に立つのは、プラスの感想だけではありません。お客様は思わぬことを気にされている場合があるので、マイナスのご意見にもしっかり耳を傾け、柔軟に商品改良をしていきましょう。お客様にとっていい商品かどうかが大切です。

⑤「椅子の座り心地が悪かった」など、細かいことにもお客様のお声を反映していけば、クレームを事前に防ぐことができます。ありがたく今後に活かしていきましょう。

なお、インタビューの時点であまり変化がなくても、数か月後に大化けするお客様もいらっしゃいます。それを見越して「いいご報告があればぜひ、このＬＩＮＥで教えてくださいね」など、明確に訴求をしておくのもコツです。すると、結果が出たときにお客様が気軽に連絡できますし、そこから紹介や追加契約につながる場合も少なくありません。

補足ですが、「法人は即決契約しない」というのは、単なる思い込みです。忙しい社長さんほど「時は金なり」と実感されているので、**同じ営業マンに何度も訪ねて来られるより、最速で「ＹＥＳ」「ＮＯ」を決断できるほうがいい**のです。

「法人から即決契約を取るにはどうすればいいのか」を考え、果敢《かかん》に挑んでみましょう。

お客様の言葉には、リアリティがあります。なかでも読み手に訴えかけるポイントは３つ、明確なビフォーアフター変化を表す具体的な数字自分事に感じさせるための未来のお客様へのメッセージです。

次ページに、即決営業の法人顧客のお声をご紹介しているので参考にしてくださいね。リアルな声の記録を活用すれば、あなたの営業ステージは一気にアップするはずです。

「すでに7億2千万円の粗利が！　前年比1億5千万円超え」

株式会社TMC 代表取締役　村田 隆雄　様

【研修前の営業部の状況（ビフォー）】

私どもは今年、6億7千万円という粗利を目標に掲げてきましたが、非常に苦戦するだろうなと。前年よりも基本的に、粗利を1億円上げるという目標になっておりましたので。

【研修後の営業部の状況（アフター①）】

研修後は、7億2千万円まで業績を膨（ふく）らませることができました。後半の大山も難なく越えまして。もう1か月あるので、あとどれだけ積み上げていくかですね。

その理由はやっぱり、**営業がプラスワンで、仕事を取ってくるようになった**ことです。もともとこれだけで済んでしまう契約に、何か「じゃあ、これを加えたら」みたいな提案をしはじめたことで、数字が飛躍的に上がりましたね！

【研修後の会社の状況（アフター②）】

コロナでほぼ9割9分、業績が落ちている中で、うちは今期、売上的に20億を超えまして、今21億くらいまでいくようなところまできております。今はみなが、プラスワンプラスワンで仕事を取ってくるので、どんどんどんどん仕事が大量に入って、デザイナーが引っ張りだこという状態で。デザイナーもみな、スポンサーの指示を直接受けて、プレゼンテーションもしますので、会話力が必要になってきます。彼女たちも常々「どうすれば化粧品が売れるのか？」ということを考えているので、即決営業研修を一生懸命受けて、その学びを役立てているようです。

【受講を迷っている方へのメッセージ】

実際に自分なりのトークスクリプトをしっかりと定めることで、本当におぼつかなかった社員が、急に営業マンらしくなったと非常に感じています！

ですので、迷っている方に一言お伝えしたいのは「なかなか営業に向いていないんじゃないかなっていうような子が、本当に自信を持って営業マンである」と言えるようになりますので、迷っている方はぜひ即決営業研修を受けてみてください。

心得 其の八

SOKKETSU! EIGYO DOJO

即決契約を支えるのは3つのトーク

即決力の正体は、自信です。

どれだけあなたの自信が伝わっているかで、即決契約率が変わります。なぜなら、営業を受けているお客様の心理は「悩んでいる」、これに尽きるからです。

つまり、**お客様の本音は「絶対に欲しい」ではなく、「商品はいいけど、どっちでもいい」**なのです。営業マンは、その背中を押して契約を取らなければなりません。そこで効くのが自信です。迷っている人は自信になびくからです。

たとえば、ＡＢＣの3択クイズで、自分は「うーん、Ａかな？」と思っていたら、隣の人が「これ絶対Ｂやわ、前にやったことある！」と言ったらどうしますか？

多くの人は、釣られてＢを選ぶでしょう。これが人の心理です。

自信でお客様を動かすには、3つのトークが有効です。

①先に自信を伝える
②しっかり訴求する
③堂々と切り返す

この3つがそろえば、商談の最初から最後まで一貫した自信が伝わります。それにお客様がなびくから、即決契約が取れるわけです。以下、ひとつずつ解説していきます。

①先に自信を伝える

これはアプローチの時点でおこないます。最初に自信が伝わっていなかったら、その後のトークが薄っぺらい印象になるので、ここが肝心です。雑談の後、ヒアリングに入る前くらいに、このように言ってみてください。

「〇〇様、商品に関して聞きたいことがあったら、何でも聞いてくださいね。私まず答えられないくらい質問がないくらい勉強しています。まだ1年目ですが、誰よりも勉強した自信もあります。ですから、本当に細かいことでも『こんなの聞いていいのかな』と思うようなことでも、気になったことがあれば何でも私に聞いてくださいね」

お客様は、ここまでハッキリ言われて、はじめて「おー、なんかこいつ自信あり気やな」と感じてくれるわけです。このセリフが言えるように、商品や業界についてはしっかり勉強しておきましょう。

なお、お客様は商品については素人ですから、私の経験上、変にマニアックで難しい質問はそうそう来ませんので、安心してくださいね。逆に、よくされる質問は、営業マンとして知っておかないといけないことですので、都度押さえていきましょう。

②しっかり訴求する

これは本書で繰り返しお伝えしてきましたが、クロージングの場面でおこないます。「ぜひご決断ください」「ぜひスタートしてください」と言い切る訴求は、即決契約率を必ず上げるトークです。なぜなら、それだけで自信が伝わるからです。

たとえば、好きな人に「つき合ってください」とバシッと訴求できる男性と、「俺のことどう思う?」「彼氏いる?」とお伺いをする男性だったら、どちらに自信を感じるでしょうか。答えは明白ですよね。これがモテの秘密でもあります。

悩んでいるお客様も、営業マンに「絶対いい商品なので、私に任せてください」と自信を示されたら「そこまで言うなら任せようかな」という気になります。

逆に「どうされますか?」とお伺いをされたら、「うーん、考えます」と保留に流れてしまいます。

なお「私に任せてくれたら嬉しいです」などの煮え切らない訴求もNGです。相手に察してもらおうと、婉曲《えんきょく》表現をするのは日本人の特性ですが、そこを乗り越えて要求を言い切ることで、ほかの営業マンと差がつきます。

③堂々と切り返す

これが最後の自信の見せ場です。①と②でお客様は内心、かなり契約になびいています。それでも、口ではまだ「明日まで考えたい」「家族に相談したい」などと言いますので、最後のひと押しをするのが、この切り返しトークです。

切り返しで自信を見せるポイントは「堂々と」。早口で反論をまくしたてるのは、動揺がバレるのでNGです。

具体的には、お客様の言い分を、いったん全力で受け止めて共感しましょう。「あーそうですよね、考えたいですよね、わかります。正直に言っていただいてありがとうございます」と、こんな感じです。それから「で、ちなみにどこが気になられていますか。ぜひ教えてください」と問いかけます。

すると、ほとんどのお客様は「じつは○○が不安で」「奥さんが怒るので」などと本音を言ってくれますので、もう一度しっかり共感して受け止めてあげましょう。ここにきてはじめて、堂々と切り返しです。

「それに関してなんですけどね、大丈夫です。ご安心ください。なぜなら、こういう理由で、それに関しては大丈夫なので安心してくださいね」
「それに関してなんですけど、やっぱり今日決めてほしいんですね。理由は、こうこうですから、ぜひ私を信じてスタートしてみてください」

「考えます」→共感→お客様の本音→共感→堂々と切り返し と、この流れで、商談の最後まで自信が伝わります。すると、お客様は営業マンの一貫した自信に負けて、契約を決意するのです。

以上、3つのトークがワンセットで、即決契約をしっかり支えてくれます。

新人だからといって「まだ1年目なので、わからないこともたくさんあるんですけど」などとわざわざ言ってはいけません。あなたの気が楽になるだけで、お客様にはデメリットしかないからです。**お金を払う側は、当然プロを求めます。**

プロ意識を忘れずに、お客様を自信になびかせていきましょう。

心得 其の九

SOKKETSU! EIGYO DOJO

お客様はストーリーでイチコロ！

人の心を動かすポイントは、ストーリー（物語）とディテール（細部の具体性）です。たとえば、お客様の声なら、筋書となる変化をしっかり数字で押さえておきましょう。

「導入3か月で売上が300万円から540万円に上がった」

「先月の商談6件中5件が成約して、30％だった契約率が83％まで上がった」

このように第三者に伝えれば、「それはすごいな。私にもできるかも」と素直に受け取ってもらえます。ディテールのない曖昧な表現で「契約率がドカンと上がった」などと言われても、第三者はピンときません。

私は迷っているお客様に最後のひと押しをするときにも、ストーリーを活用します。たとえば、交換条件を出す場合などです。「こちらの100万円の商品を、今日即決してくれるなら、○○をおつけします」というようなケースですね。最後の最後でどうしても契約が決まらないとき、交換条件があると一気に有利になります。できる範囲でしっかり準備してから商談に臨みましょう。

ここでよくある失敗が、交換条件なのに、お願い営業になってしまうこと。つまり「○○をおつけするので、どうか今日決めてください」はNG。正解は「**今日決めていただく代わりに、これをおつけします。この機会にご決断ください**」です。

必要以上に下手に出て、主導権を奪われてはいけません。「そこまで言うなら買ってあげてもいいけど」と思われてしまうと、さらに無理難題を言われたり、キャンセル率が高まったりします。

あくまでも、交換条件に引かれたお客様が、自ら契約を選んだ形をとるのが大切です。

交換条件にお客様が落ちるストーリーをつけ加えろ

私は交換条件を提示するとき、説得力のあるストーリーをつけ加えます。しっかり用意したセリフを使うので、ほぼ百発百中で決まっていました。

たとえば、中学生向けに3年間の学習教材を売りたいとしましょう。料金は「5教科で135万円」「3教科で80万円」です。家庭教師もつきますが、お客様によっては、当然「高い」と言ってきます。で、あれこれ切り返しても決まらなければ、最終的に私は、このトークを使います。

「もし料金は関係なく入会されるなら、5教科と3教科、どちらがよろしいですか？」

「うーん、やっぱり5教科かな」

「もし今日契約してくださるなら、3教科80万円の費用で、あとの2教科のテキストを無料でおつけします」

このように交換条件を提示して、ここからが肝心のストーリーです。

「というのが、理科と社会のテキストを、家庭教師の研修用に使うので、個人的にメーカから多めに取っているんですよ、僕だけ。で今、5冊ずつ僕の机の下にあるので、見本入れ替えという形で入れ替えて、ただちょっとラインとかは引いていますけど、ほぼ新品ですのでそれをお出しします。ですので、理科と社会のテキストが、そのまま○○様のお手元に届きます。ただ、この方法が取れるのは当社だけです」

このストーリーが具体的であればあるほど、お客様は応じます。

値引き額よりも**値引き理由の正当性に、お客様は落ちる**のです。

「なぜ、その交換条件が出せるのか」それを理解して納得したとき、「あっ、だから私もこんなに得できるんだ。じゃあ今日決めようかな」と、お客様は動き出します。

交換条件にストーリーがなければ、「本当は5教科80万円の商品を、135万円って言っただけじゃないの？」「みんなに2教科サービスしているんじゃないの？」と疑われたり、特別感がなくなったりして、効果が薄まります。

この手法は、どんな商材でもほとんど組めますので、本気で自分だけのトークをつくってみたい方は、9ページ・239ページの公式LINEから、即決営業にご相談ください。「特別感のある交換条件」と、それができる「正当な理由」がポイントです。

営業は結局ストーリーとディテールで決まります。営業道場でマインドを鍛えたあなたなら、どんなトークも使いこなせますので、あとは細部をつくり込んでいきましょう。

心得 其の十

SOKKETSU! EIGYO DOJO

即決力があなたの夢を叶える

この即決道場も、あっという間に卒業のときがきました。この五段から最高段位の十段を目指すには、現場で実践を積まなければなりません。

セールスとは、要求を通す力です。私は29歳で訪問販売会社を立ち上げ、最初の5年間は毎晩、自社の全営業マンの全商談の録音を朝5時まで聞いていました。

その結果、売れる営業マンと売れない営業マンの最大の違いは、ストレートに要求を伝えているかいないかだとわかりました。つまり「契約してください」という訴求をしているかどうか。個人事業主でも、これを言っていない人は売れていないはずです。

言葉に出して要求しなければ、願いは叶いません。ユダヤ人の古いことわざでも「幸福は舌の先にある」と言います。その上で、要求の通し方がうまいかヘタかが、人生の分かれ目です。

要求の通し方がうまい人は、売り手マインドと切り返しトークがしっかりしていて、自分が優位になるよう先手を打ちながら要求を通していきます。もちろん即決で。

このセールススキルがあれば、プライベートでも営業以外のビジネスでも、欲しいものが次々と手に入ります。即決力で、あなたの夢が叶っていくのです。

とにかく「訴求」を、大きな声で繰り返せ

たとえば、訪問販売で135万円の教材を売りに行くと、最後はどんなお客様も迷います。商品を「いいな」と思っていても、お金があっても、やっぱり自ら即決はせず「うーん」と思考モードに入ります。この瞬間をクロージングシグナルと言います。

そこで、**8秒以内に「やれ」と一刀両断しなければ、契約は取れません。**用意しておいた訴求セリフでバシッと断っていきましょう。

「お母様、どうかこの機会にご決断ください」

「お父様、どうかこの機会に、お子さんをスタートさせてあげてください」

多くの営業マンはこの訴求セリフが言えず、お客様を猫じゃらしでなでるようなことばかり言っています。

「御社には、これが必要だと思うので〜」

「今、お値打ちだと思いますし〜、私もおススメなので〜」

本人はこれで「訴求をした」と勘違いしているケースもありますので、録音で客観的に確かめてみましょう。あなたが新人営業マンでも、部下育成をする立場になっても、このチェックとフィードバックは必須です。

「営業マンは声で押せ」と私はよく言います。猫じゃらしトークの特徴は、言葉の語尾が曖昧なことです。たとえば「○○がおススメです」と同じセリフを言っても、語尾がかぼそく細い声では、お客様の心に届きません。逆に、語尾を太くハッキリ発声すれば、お客様に刺さります。

語尾が細い人はたいてい体も引き気味になり、語尾が強い人は体が自然に前に出ています。ですから訴求は、最初と最後を大きな声で言ってください。口調は丁寧でも、お客様が気押されるくらいでないと、要求は通らないのです。

こういった訴求を通しやすくする声のトレーニングも重要です。まずロープレで練習して、現場でどんどん磨いていきましょう。

本書の内容をまとめると、新人営業マンが最速で結果を出すには、5つのポイントがあります。

①即決ソウルを抱く
②営業の型とトークを固める
③要求を通す技術を磨く
④全商談・全訴求
⑤何度でも切り返して再訴求する

これを実践していけば、営業に必要な「心・技・体」すべてがそろいます。同時に、営業マンの育成力も身につきます。あなたがトップセールスで居続ける準備は整いました。

自分の要求を通す力を確信したとき、もう小さな世界に留まる必要はありません。すべてのビジネスを成功させるカギを手にいれたのですから！

どんどん鍛えて、どんどん広い世界に出て、あなたの夢を叶えていきましょう。

この『営業道場』が、その第一歩になれば幸いです。

おわりに

SOKKETSU! EIGYO DOJO

「期待の新人」のまま終わるな！

ここまでお読みいただきありがとうございました。これからは、夢を叶える自分を信じて、営業道場の教えを実践していってください。

私は本書の方法で19年間にわたって、多くの営業マンをいきなり、年収1000万円超えのプレイヤーに育ててきました。ですから、あなたが半年以内に結果を出し、周囲の期待を超えるトップセールスになっていく姿も、ハッキリと思い描くことができます。

高みを目指す営業マンの道は、平坦ではありません。

そこで、やはり大切なのは目標設定です。目標は「どちらに進むか」を決めるコンパスですので、目標を胸に抱いていれば、営業界での生存確率はぐんと上がります。

あとは登山と同じで、まず目標と現在地から、効率のいいルートを見出します。次に、ルート内に小さなゴールをいくつも設けて、それをひとつずつ達成していけばいいのです。この実現可能性の高い手法を「スモールステップ」と言います。

闇雲に動き回ると、山中で遭難してしまうので注意しましょう。

もし登頂中に、あなたのモチベーションが下がって前に進めなくなったら、思い出してほしいことがあります。それは、3つの問いかけです。

①目標が具体的か?
②亀になっているか?
③現在地を認めているか?

以下、解説していきますので、現状に当てはめてみてください。

①目標が具体的か?

営業マンが前に進めなくなるのは、進路を見失ったときです。そんなときは、**自分の目標が数値化できるかできないか**をチェックしてみましょう。

たとえば、このような「行動目標」は数値化できません。

・お客様に誠意を尽くす
・毎日を全力でやり切る

これでは達成率がわからないので、前に進もうとしても、堂々めぐりになってしまいます。カーナビに番地も入れずに「楽しく遊べる場所」と登録してもルート表示されませんよね。それと同じです。

一方、「結果目標」は数値化できます。

・1年間で3000万円売り上げる
・6か月以内に営業成績1位になる

ここからさらに逆算思考で、1か月ごと、1週間ごと、1日ごとの細かい目標を立てていってください。

・飛び込み訪問で週2件の商談を取りつける
・1日に100本のテレアポをする

これをコツコツ実践すれば迷いが消え、いつの間にかゴールに近づいていています。モチベーションが下がったら、目標をとことん具体的にして、日々達成していきましょう。

②亀になっているか？

これはご想像通り「ウサギとカメ」の亀のことです。

この寓話《ぐうわ》の最大の教訓は、**ゴールを目指すときに何を見ているか**だというのはご存じでしょうか。

ウサギは競争相手のカメに気を取られて敗北し、カメはゴールだけを見て勝利しました。「途中でウサギを起こさなかったカメはフェアじゃない」などと言う人もいますが、カメは道端で寝ているウサギの存在にさえ気づかなかったのでしょう。

営業マンが前に進めなくなるのは、ウサギのようによそ見をしているときです。ウサギタイプの営業マンは自分が優位なら慢心し、カメタイプの営業マンは周りがどうあれ、全力で前進します。

結局トップを取るのは、進路に集中できる営業マンです。売れない営業マンと比べて手を抜いても、売れる営業マンへの劣等感で立ち止まってもいけません。

モチベーションが下がったら「今、亀になっているか？」と自分に問いかけ、真っ直ぐ前を向いて歩きましょう。

③現在地を認めているか？

営業の道は険しく、山あり谷ありのでこぼこ道です。難所で足がすくんでしまうときもあるでしょう。そこで大切なのが「今はまだ道の途中」だと思い出すこと。目の前の難所だけにとらわれると、絶望してあきらめたくなるからです。

営業マンは目標を忘れてはいけません。うまくいかないときほど「ここは目標から見た現在地」だと意識してみましょう。

全体を俯瞰《ふかん》して見ると、自分が思ったより前進しているのに気づけるはずです。それに、現在地とゴールを見失わなければ、迂回ルートに変更しても構いません。

「夜明け前が一番暗い」という言葉があります。営業マンも苦しいときほど、飛躍のチャンスです。朝顔をイメージしてみてください。

朝顔の花が咲くには、水と太陽光と、もうひとつ重要なものがあります。それは「夜」です。明暗差や寒暖差が、大きな花を開かせてくれるのです。

夜の後には朝が来て、冬の後には春が来ます。あなた以外の誰も、あなたを暗闇に閉じ込めたりできません。あきらめず一歩ずつ足を進めて、目標に近づいていきましょう。

営業の道に迷ったときには、この3つの問いかけで自分を取り戻してください。

本書の内容を実践するうちに、もっと具体的なアドバイスがほしくなったら、239ページの二次元コードから即決営業公式LINEに登録して『道場』と送信してみてください。ご希望の方には、担当が電話ヒアリングと無料アドバイスをさせていただきます。

夢は逃げません。逃げるのはいつだって自分です。

他人と過去は変えられません。変えられるのは自分と未来だけです。

厳しい夜があるから花が咲きます。期待の新人から、どんどん壁を乗り越えてトップセールスになるあなたを、これからも即決営業に応援させてください！

2023年9月吉日

株式会社即決営業　代表取締役

堀口　龍介

限定動画10本 二次元コード一覧

① P74
俺たちの商品は売らんと売れん！

② P83
お客様が「考えます」と言う理由

③ P98
「買い手の正義」を持つ営業マンは自爆する！

④ P106
やり方よりも感じ方が重要 マジで悔しくない？

⑤ P126
6つのネガティブ感情と向き合え！

⑥ P136
痛みがないと得るものがない

⑦ P144
トップセールスの絶対条件 自己責任意識！

⑧ P155
理不尽は己の未熟さから来る！

⑨ P191
これが弱い個人事業主は滅びる！

⑩ P201
独立・起業の3ステップ

即決営業®

著者プロフィール

堀口 龍介（ほりぐち・りゅうすけ）

株式会社即決営業代表取締役。1976年、大阪生まれ。訪問販売の最大手に入社し、その翌年にセールスマン1000人以上の中で年間個人売上1位の成績を収める。その後、訪問販売会社を渡り歩き、在籍した3つの会社すべてで年間個人売上1位を記録。29歳で訪問販売会社を起業し、自身が実践してきた「即決」にこだわる営業手法を社員にそのまま実践させた結果、初年度から年商2億7000万円を売り上げる。以降、京都や東京に拠点を広げ、グループの売上が年商5億円を突破。39歳のときに、「売る力は誰もが人生を思い通りに切り開くための最強のスキルになる」と考え、自身のオリジナル営業手法を世に広めることを決意。それまでは依頼があっても断っていた他社からの研修依頼を引き受けるほか、一般の方々に向けた講演会やセミナーを数多く開催。「1分で売るメソッド」を伝えるだけでなく、その場で体得するためのトレーニングも実施し、全国各地で好評を得ている。指導した人数は延べ5万人を超え、年収1000万円以上のトップセールスを多数輩出。その再現性の高さがメディアなど各方面で話題となっている。

著書には『即決営業の超準備 売り込む前に売れる!』（秀和システム）、『即決営業』（サンマーク出版）、『1分で売る 最小の労力で成果を最大化させる「AI時代の即決営業」』（冬至書房）、『面白いほど、売れる! 魔法のセールストーク』（実業之日本社）、『【契約率76.2%】営業・即アポ』（ぱる出版）などがある。

即決《そっけつ》！営業道場《えいぎょうどうじょう》　1年目《ねんめ》から結果《けっか》を出《だ》す

発行日　2023年 9月20日　第1版第1刷

著　者　堀口《ほりぐち》　龍介《りゅうすけ》

発行者　斉藤　和邦
発行所　株式会社　秀和システム
〒135-0016
東京都江東区東陽2-4-2　新宮ビル2F
Tel 03-6264-3105（販売）Fax 03-6264-3094
印刷所　日経印刷株式会社　Printed in Japan

ISBN978-4-7980-6981-4 C0030

定価はカバーに表示してあります。

乱丁本・落丁本はお取りかえいたします。

本書に関するご質問については、ご質問の内容と住所、氏名、電話番号を明記のうえ、当社編集部宛FAXまたは書面にてお送りください。お電話によるご質問は受け付けておりませんのであらかじめご了承ください。